いくさの歴史と文字文化

遠山一郎／丸山裕美子 編

三弥井書店

第二部　文字文化——歴史の影——

いくさの歴史と文字文化―七世紀東アジア世界の影―

七世紀、東アジアは戦争の世紀であった。大陸では隋が滅びて唐が興り、大唐帝国は西へ西へと版図を拡大する過程で、突厥《とっけつ》・吐谷渾《とよくこん》・麹氏高昌国《きくしこうしょうこく》・吐蕃《とばん》などの国々と軍事衝突を繰り返し、これらの国々はあるものは滅び、あるものは分裂し、弱体化した。東の朝鮮半島への侵攻は、すでに隋の煬帝《ようだい》の三次にわたる高句麗《こうくり》遠征に始まっており、唐の太宗《たいそう》、ついで高宗《こうそう》もまた半島に出兵した。朝鮮半島は高句麗・百済《くだら》・新羅《しらぎ》が鼎立する三国時代が長く続いていたが、百済は六六〇年に、高句麗は六六八年に、唐・新羅の連合軍によって滅亡し、その後、唐を駆逐した新羅によって半島は統一されることになる。

倭国《わこく》は大陸の東の海上にあって、国境は海で隔てられていたものの、こうした東アジアの動乱の影響を免れることはできなかった、どころか、自ら百済救援を名目に、朝鮮半島に出兵し、六六三年白村江《はくそんこう／はくすきのえ》の戦で大敗を喫することになる。

戦（いくさ）は、個々の人はもちろんのこと、社会にも国家にも計り知れない大きな影響を与える。戦争の歴史はそのまま国家の歴史に重なると言っても過言ではない。倭国においては、白村江の敗戦と、その前後に国内で勃発したクーデター＝乙巳《いっし》の変、内乱＝壬申《じんしん》の乱という度重なる戦が、権力の集中を促し、律令を核とする中央集権国家「日本」が生み出されたのである。

七世紀東アジアの戦争に関わって、倭国・日本の政治と制度、文化と社会の様相、そこに生きた人々の思いがどのように立ち現われてくるのか。本書はこうした課題に向き合い、その諸相を多角的に具体的に描き出そうと試みたものである。

まず冒頭に、笹山晴生《ささやまはるお》「七世紀東アジアの戦と日本の成立」を置いたのは、この講演記録が本書の全体にわたるすぐれた概説になっているからである。七世紀の戦争が日本の国家形成にあたえた影響を解説し、かつ八世紀の展開を含めて、日本の軍事制度の性格についての全般的な見解がわかりやすくしかも過不足なく、述べられている。武力と軍事制度の側面から日本の古代国家の構造と特質を明らかにしてこられた笹山晴生氏ならではの文章である。

第一部は、七・八世紀の中国・朝鮮半島・倭（日本）の戦争の歴史と政治・制度に関する四つの論文で構成されている。孟彦弘《もうげんこう》「唐前期の戦争と兵制」は、七八〇年両税法《りょうぜいほう》施行までの唐前期の兵制の変遷を、戦争との関わりで論じたものである。兵農一致の府兵制《ふへいせい》から職業兵制への転換過程を丁寧に辿り、安史の乱を経て職業兵が終身兵として土着して、軍が地方軍化する経緯を述べている。李相勲《イサンフン》「白村江の戦場の位置と地形について」は、議論のある白村江

（白江）の位置について、新しい見解を示したものである。唐・新羅軍の進軍経路の問題と白村江の別称についての検討、海水面変動のデータによる当時の地形の復元から、白村江は錦江《グムガン》河口の舒川郡《ソチョングン》馬《マ》西面《ソミョン》 長項邑《ジャンハンウプ》一帯であったと推定する。倉本一宏《くらもとかずひろ》「白村江の戦をめぐって」は、古代の戦争と現代のわたしたちがイメージする戦争とは異なることに注意を促し、戦争の開始と終結、戦争情報、戦争の目的について、白村江の戦を捉えなおし、壬申の乱にいたる政治過程を斬新な視点で見通している。丸山裕美子《まるやまゆみこ》「七世紀の戦と日本律令国家の形成」は、日本の律令国家の形成過程について、法の継受という側面から、国内外の戦とその後の緊張緩和との関連を踏まえて概観した。七世紀の戦は古代日本に軍事増強と中央集権化をもたらしたが、緊張緩和とともに、「武」よりも「文」の安定した法治国家への道を歩むことになったことを述べる。

第二部は、七世紀の戦が文字・文学に与えた影響について論じた五つの論文で構成されている。犬飼隆《いぬかいたかし》「白村江敗戦前後の日本の文字文化」は中国、朝鮮半島の情勢と係りのなかで日本においても文字文化が広がっていくさまを、漢字の用い方の側面から考察した。すなわち、日本の朝廷が文書による行政を押し進めるにあたり、その中心を朝鮮半島からの渡来人がおもに担い、それに並行して、日本の朝廷が日本独自の文化の発展を図った際に、歌を典礼化することをこころみた。歌の典礼化は歌を書きしるすという営みを必要とした。日本のことばを漢字で書き表すことから生じた漢字の用い方の問題を、木簡《もっかん》、戸籍等の検討を通して考察した。鈴木喬《すずきたかし》「七世紀における文字文化の受容と展開」は、七世紀から八世紀ころの金石文の検討を通して、中国・朝鮮半島からの文字と文物の流入を一連なりの現象として捉え、日本の金石文に現われた漢字の用い方について考察を加えた。方国花《ファングォファ》「古代朝鮮半島と日本の異体字研究―「部」の字を中心に―」は、「部」とこの文字の異体字との用い方を、中国および中国の周辺部である朝鮮半島・日本・中国西北辺境とのあいだの共通点を見つつ、その地域への漢字の広まり方を考察した。遠山一郎《とおやまいちろう》「いくさが投げかけた影―額田と天智との万葉歌―」は、七世紀東アジア世界に向きあっていた日本の朝廷の人々の思いの歌への現れを論じた。歌はやまと地方の根生いの感性にもとづいて、その世界への対応をどのようにことばに託したのか。七世紀東アジア世界の情勢と日本の朝廷の人々の土着の思いとの接しかたをこの論は考察した。身崎壽《みさきひさし》「防人のたび」は、歴史のなかで、人々がどのような思いをもっていたのかを「防人歌《さきもりうた》」を通して解明しようとした。すなわち、七世紀の後半、日本の朝廷は白村江の戦いに敗れた後に、唐の侵攻に備えて、九州北部から瀬戸内海沿いに防衛線を敷いた。城やのろし台を築くとともに、守りの兵士として東の国々から主に農民を集め、九州の北部に送った。それがことに「防人」と呼ばれた人々であった。この外交・政治の動きのなかで東国から九州に送られた人々の思いが、歌の形で『万葉集』に収められた。この歌を読み解くことによって、七世紀から八世紀ころに、日本の朝廷の仕組みに組み込まれていた人々がどのような思いを抱いていたか、その一部を探ることを試みた。

本書の基礎となっているのは、科学研究費補助金「戦（いくさ）に関わる文字文化と文物の総合的研究」による企画である。この企画は二〇〇七年度から二〇一一年度まで五年間にわたり、愛知県立大学日本文化学部国語国文学科と歴史文化学科との教員が中心になり、いくさをめぐる文字文化と文物とを様々な角度から研究することを目指している。この研究の一環として、七・八世紀において東アジア世界を形づくっていた中国・朝鮮半島・日本の歴史と、その歴史的背景がどのように日本の文字の受け入れから文学に及んで影を投げかけたかという主題のもとで二つの研究集会をおこない、その成果を本書に取り込んだ。もとになった研究集会はつぎのようである。

（一）国際研究集会「七世紀東アジアの戦（いくさ）と国家形成―唐・新羅・倭―」（二〇〇八年五月一八日、於愛知県立大学）

七世紀東アジアの国際的な緊張が、律令国家「日本」を誕生させたという認識は、日本古代史研究者においては大筋で共有されていると言ってよいが、今後は視野を広く東アジア全体に及ぼして、中国及び朝鮮半島の研究者とも共通の理解をもつことが必要になってきている。そ

うした問題意識で開催された国際研究集会である。（笹山・孟・李・倉本論文）
（二）「防人のたび—制度と歴史のもとで—」（二〇〇八年六月一四日、於愛知県立大学）
（一）を受けて、その歴史的背景のもとで人々がどのような思いを抱いていたかを、人々の内面に立ちいって考えることを、身崎壽氏の講演とそれに続く討論会によって解明しようとした研究集会である。（身崎論文）

現代社会におけるグローバル化の進展は、同時に地域の多様な歴史や文化の存在を認識させ、その多様な個性を尊重したうえで共生することが求められている。中国・朝鮮半島・日本列島の相互の関係を、七世紀に遡って歴史的に捉えたい。その上で、戦争と軍事力増強の時代を越えて、制度の安定と文化の交流にシフトした八世紀の唐・新羅・日本のあり方をみつめ、さらにはそこに生きた人のこころの内面を探ってゆきたい。本書によって、七世紀から八世紀ころの日本列島・朝鮮半島・中国のあいだの歴史的、文化的な深い関わりの一端が解明されることを願う次第である。

丸山裕美子
遠山　一郎

【基調講演】

七世紀東アジアの戦と日本の成立

笹山　晴生

ただいまご紹介に預かりました笹山です。

私は以前に名古屋大学の教養部におりました。一九六四年、東京オリンピックの年、東海道新幹線が開業した年ということで、ずいぶん昔のことになります。このあたりには今まで来たことがありません。すばらしいところで感心いたしました。

今日は国際研究集会の基調講演という大役を仰せつかり、緊張しております。

今日の私の役目は、このあとに孟彦弘《もうげんこう》先生、李相勲《イサンフン》先生、倉本一宏《くらもとかずひろ》先生御三方の専門的な研究の発表がありますので、私としてはこの研究集会「七世紀東アジアの戦と国家形成　―唐・新羅・日本―」のテーマに即し、その概要をお話し、御三方のご発表がその中でのどういうことを問題にしておられるのか、それを全体の中で明らかにしていく、それが私の使命かと思いますので、その主旨でお話を進めたいと思います。

お手元に簡単な年表を用意いたしました（巻末掲載）。六世紀の終わりから八世紀、更に九世紀の初めまでわたるもので、適宜ご参照くだされば幸いです。読みやすくするために依拠した

資料名を省略してあり、学問的には不完全なものとなっておりますが、ご了承いただきたいと思います。

東アジアの七世紀ということについてでありますが、かつて日本の古代史の研究者として優れたお仕事をされた石母田《いしもだ》正《しょう》という方が、一九七一年に『日本の古代国家』（岩波書店）という本を出版されました。この『日本の古代国家』という本は、まさにこの七世紀という時代を扱われたもので、石母田さんは、七世紀における日本の古代国家の成立を把握するためには、日本のことだけをやっていたのではだめだ、その時期の日本の国政は国際関係と密接不可分なかたちで動いている、むしろその国際関係の中から日本の国家が成り立ってきているのだ、そういうことを検証しようとしてこの本を書かれたのであります。

七世紀の国家形成においては、ことに戦争というものが大きな役割を果たしていたとして、戦争と国家の形成との関わりについて、鋭い分析をしておられます。今日の国際研究集会の主旨も、石母田さんがかつて指摘されたような、そういう問題意識と密接に関わるものであると言うことができると思います。

七世紀という疾風怒濤《しっぷうどとう》の時代が何から始まったかというと、やはりこれは中国における隋《ずい》の帝国の出現、そのあとを継いだ唐《とう》の帝国の発展、そこに基本的な要因があるといってよいと思います。それまで六世紀を通じて、中国では長く南朝と北朝という二つの王朝が対立する時代が続き、東アジアの国々もそうした中国の南朝・北朝に朝貢するという形で国際関係を保ってまいりました。ところが西暦五八九年、六世紀の終わりに、北朝から出た隋によって中国が統一される。そのことが東アジア全体の体制に大きな衝撃を与えたのであります。

倭国《わこく》＝日本の場合について具体的な様相として挙げられますのは、高句麗《こうくり》との関係であります。倭と高句麗とは五世紀以来、対立的な関係にありましたが、その高句麗が倭国に接近してくるようになる。

年表の最初に書いてありますが、西暦の五七〇年、欽明《きんめい》天皇の三一年に、高句麗の使が越《こし》、日本海側の北陸地方に来着しております。敵対的な関係にあった倭国になぜ高句麗が使を送ってきたのか、これはやはり当時の東アジアの情勢と関係があります。中国の隋が高句麗に対して圧迫を強めてきている状況の中で、朝鮮の背後にある倭国と関係を結ぶことが必要と考えて、高句麗の使が来朝したのだろうと思います。

高句麗と倭国との間では、六世紀の末から文化的にも非常に強い関係が出来てまいりました。聖徳太子《しょうとくたいし》の仏教の先生である恵慈《えじ》は高句麗の僧であり、また飛鳥寺《あすか》の伽藍配置についても、高句麗の寺院の影響があるといわれております。

それまで倭国は、朝鮮半島の国々の中では、ことに百済《くだら》と文物の面でも政治の面でも緊密な関係をもっておりました。ことに六世紀後半の百済の聖明王《せいめいおう》、『日本書紀』では聖明王、中国・韓国の文献では聖王といっておりますが、その聖王の時代には、百済が北方の高句麗や東方の新羅《しらぎ》の圧力を受ける中で、百済と倭国との関係は軍事的にも緊密なものになっております。こうした影響を受けて、軍事的な面でも大陸の影響が日本に及んでまいりました。

それまでの倭国の戦いは、歩兵と歩兵との戦いでありました。けれども五世紀の終わりごろから騎馬、馬に乗った軍隊による戦いが国内でも行なわれるようになってまいりました。六世紀の終わりから七世紀にかけて、中央の豪族や王族の間の争いが頻繁におこるようになりますが、たとえば五八七年のいわゆる物部《もののべ》戦争、蘇我馬子《そがのうまこ》らが物部守屋《もりや》を滅ぼした戦いでは、騎馬を用いた戦闘が行なわれていることがわかります。当時の朝鮮においては戦争のルールが形成され、旗《はた》や鼓を用いた整然とした集団戦法が行なわれていた。そうした中国的な兵法によった、騎馬を中心とした集団戦法の影響が、朝鮮との関係を通じて日本にも伝わってきていたということが言えるかと思います。

隋は、東方の高句麗との間で激しい戦いを行いました。隋の王朝を開いた文帝《ぶんてい》は五九八年に水陸三〇万の兵を擁して高句麗遠征を行い、六一二年には煬帝《ようだい》が水陸二〇〇万という大軍をひきいて遠征を開始いたします。これは結局隋の王朝の命取りになり、国内で反乱が起こって、その中で煬帝は殺され、隋は滅亡いたします。六一八年、高句麗は倭国に使を送って隋との戦いに勝利したことを報じ、勝利の証拠として、捕虜と戦利品を送ってまいりました。その中には抛石《いしはじき》といって、石をバネ仕掛けで遠くへ飛ばす武器なども含まれていたということであります。

こうした中で、倭国も中国と国交を開くことになります。五世紀から六世紀の初めにかけて、倭国は中国の南朝に対して使を送っておりましたが、その後は送っておりませんでした。その外交方針をこの時期にいたって転換し、隋に使を送る。『日本書紀』によれば六〇七年、小野《おのの》妹子《いもこ》らを遣隋使《けんずいし》として隋に遣わす。こうして中国との間に直接の交渉を開く方向に向かったのであります。

さて、六一八年、中国では隋が滅びて唐が興ります。唐は太宗の貞観の治を経て支配体制の基礎を固め、周辺の諸国に威圧を強めてまいります。そうなると朝鮮三国の高句麗、新羅、百済では、それぞれの国において、また三国の関係において、それまでとは違った緊張関係が生じてくるということになりました。

唐の太宗《たいそう》は六四五年、高句麗に進攻を開始します。そうした中で、六四二年には高句麗で泉《せん》蓋蘇文《がいそぶん》という大臣が国王を殺して権力を掌握いたしますし、この頃百済でも、義慈王《ぎじおう》という王が即位をして、専制的な権力を握り、新羅への圧力を強めてまいります。倭国でもこの時期に権力集中化の動きが進み、六四五年、中大兄《なかのおおえ》皇子・中臣鎌足《なかとみのかまたり》によって蘇我《そが》氏の政権が倒され、いわゆる大化改新の政治改革が行なわれることになるわけであります。

大化改新《たいかのかいしん》の政治改革の内容については『日本書紀』の記事の信憑性をめぐってさまざまな議論がありますけれども、改新政府の政策が軍事的な面にも意を用いていたということは、確実に言えることではないかと思います。改新政府は発足後、まもなく東国に国司《くにのみこともち》を遣わし、その中で国《くに》や郡《こおり》の刀、甲《よろい》、弓矢を納めよと命令しております。国司は、地方豪族の持つ馬や武器を集めることに熱心でありました。改新の新政府は民間の武器の所在を把握し、民間の武器や馬を徴発して、国家の軍備を充実させることに意を用いたものと思われます。これは、やはり東アジアの軍事的な状況の緊迫に対応した政策であったと考えられます。

もう一つ、この改新の時期における軍事的な問題として注目されるのは、北陸地方から東北地方日本海岸にかけての防備の強化、支配の確実化であります。大化改新のおりには越国《こし》、今の北陸地方に、六四七年に渟足柵《ぬたり》、六四八年には磐舟柵《いわふね》という柵があいついで作られます。渟足は現在の新潟市、磐舟は村上市になりますが、新潟県下にそういう城柵を作り、北方への軍事的な支配を確実にしようとしたものと思われます。

次の斉明《さいめい》天皇の時代には、阿倍比羅夫《あべのひらふ》という将軍が東北地方日本海岸の支配を固めました。『日本書紀』の記事には混乱があり、阿倍比羅夫の北征が何回にわたるのか曖昧なところがありますが、おそらく六五八年、斉明天皇の四年には秋田地方の蝦夷を帰服させ、さらに六六〇年には北に進んで粛慎《みしはせ》国、北海道の南部に当たると思われる地域まで軍を進めたようであります。この阿倍比羅夫の遠征は、日本海側の最上川、雄物川、米代川、そういった大きな川の河口に当たる部分に拠点を築いていく、いわば島伝いにポイントだけを押さえていく、そうした遠征の仕方でありますが、唐と高句麗との関係が緊張している中で、日本列島の日本海側の支配をこのような形で確実にしようとしたものと思われます。


さて、朝鮮半島の情勢はいよいよ緊迫の度を加え、六六〇年、唐と新羅は連合して百済を滅ぼしました。

その後、百済の故地では遺臣たちが唐に対して反乱を起こしますが、倭国は遺臣の反乱を後援するかたちで朝鮮に対して軍事介入を行ない、大規模な軍隊を朝鮮半島に派遣いたしました。しかし六六三年、天智《てんじ》天皇の二年、白村江《はくそんこう》《はくすきのえ》の戦で倭国は唐と新羅の連合軍に決定的な敗北を喫し、本国へと退くことになります。この白村江、中国や韓国の史料では白江とありますが、その所在がどこになるのかということにつきましては、あとで李先生から詳しいお話があると思います。

白村江の戦で、倭国は無残な敗北を喫しました。拙劣な戦法で唐軍の船団の中に突入し、壊滅的な打撃を受けるわけであります。そういった集団的な戦法の未熟さからくる軍事的な衝撃もありますけれど、それ以上に、それを支えている倭国と唐、中国との間の国家体制の違い、それに基づく軍事力の差というものに、倭国の指導者は気がついたと思われます。倭国の指導者の間には、この敗戦の結果として、ひとり軍事面だけではなくて、国政全体の改革、唐の制度に倣った強力な国家建設をしなければいけないという気運が強まったものと思われます。

白村江の戦が終わってまもなく、今度は六七二年、日本は古代最大の内乱である壬申《じんしん》の乱に突入いたします。

天智天皇が亡くなったあと、皇室内部の対立が起こり、天智天皇の弟の大海人《おおあま》皇子が天智天皇の子の大友《おおとも》皇子を擁する近江の朝廷と対立し、兵を挙げてこれを滅ぼします。この壬申の乱につきましては、『日本書紀』に詳しい叙述があります。乱に従った舎人《とねり》たちの手記や大伴《おおとも》氏の記録などが採用され、きわめて具体的な記述がなされていて、当時の軍事的な様相がよくわかります。近江方、大海人方の双方とも騎馬兵が多数を占めていること、それから大陸的な戦術とか、集団的な軍事訓練などがかなりな程度進んでいたことが知られます。大海人皇子方、近江朝廷方、両方で旗や幟《のぼり》を使い、また鼓や笛を集団的な行動の合図に使っておりますし、大海人皇子方では敵と味方が区別できるように赤い布を兵士がそれぞれ身につけていたし、夜間に敵味方入り乱れて戦う場合に合言葉を使っていた、ということなどもわかります。

壬申の乱の雌雄を決する戦いは瀬田《せた》川の決戦でありました。非常に大規模な戦いで、ここでは弩（大弓）などの中国風の大きな破壊力を持った武器も使用された可能性が強いと思われます。

壬申の乱について注目されることの一つは、この壬申の乱が単なる日本国内の内乱ではなく、当時の東アジアの情勢と密接に関係して起こっているということであります。

当時九州＝筑紫《つくし》には、唐の将軍の郭務悰《かくむそう》が二〇〇〇人にも及ぶ人を連れてやってきておりました。そのうちには、白村江の戦で捕虜になった倭人が一四〇〇人ほども入っていたと思われます。大海人皇子は、この郭務悰の一行が九州を離れたことを確認して、初めて吉野で蜂起したと考えられます。

それから乱が始まったとき、近江の大友皇子方は各地から兵を集めますが、九州＝筑紫に遣わされた近江方の募兵使に対して筑紫大宰《おおみこともち》の栗隈《くるくま》王は、九州の兵は外敵に備えるための軍隊であって、内戦のためにそれを用いることはできない、もしそのときに不意を撃たれたならば、倭国は取り返しのつかないことになる、といって発兵を拒否しております。こういったことも当時の筑紫＝九州、ひいては倭国の置かれたきわめて緊張した状況を物語っているわけでありまして、壬申の乱はこういう状況のもとに起こったということが言えると思います。

壬申の乱の影響といたしましては、やはり大海人皇子が勝利することによって王族による政治の主導権が確立したことが挙げられます。六世紀の末以来相次いでおりました豪族、あるいは王族相互の政治的な抗争がここに至って最終的に克服される。そして大王が、いわゆる天皇、スメラミコトとして豪族に対して圧倒的な優位を獲得する。現代に至る天皇制の基礎が確立したのはこの天武朝でありまして、その王権の主導の下に強力な国家体制の建設が進められていくことになります。

さて、天武《てんむ》朝以後、七世紀の終わりの時期になりますと、東アジアの状況は一転して安定の方向に向かうことになりました。

朝鮮半島では白村江の戦のあと、六六八年、天智天皇の七年には、唐と新羅が連合して高句麗を滅ぼします。高句麗の故地には安東都護府《あんとうとごふ》という中国の出先機関が平壌《へいじょう》に置かれますが、そうした中で新羅は朝鮮半島から中国の勢力を駆逐する方向に向かいました。

六七一年、新羅は百済の地に置かれました熊津都督府《ゆうしんととくふ》を滅ぼし、更に高句麗の故地にありました安東都護府に対しても圧力を強め、天武朝の初年の六七六年、唐が安東都護府を遼東《りょうとう》に移したことによって、大同江《だいどうこう》以南の朝鮮半島の支配を確実なものとすることになります。

東アジアの秩序が、中国の唐と、朝鮮半島の新羅、日本列島の倭国、この頃から日本という国名が用いられますが、その三国の関係として安定した状態となってまいります。そうした安定した状況の中で、日本では大海人皇子が即位して天武天皇になり、更にその后の持統《じとう》天皇の下で、中央集権的な国家体制の整備が進むことになりました。

そして七〇一年、八世紀の第一年に大宝律令《たいほうりつりょう》が制定され、日本の律令国家の建設は一つの画期を迎えることになるわけであります。

この七〇一年の大宝律令の制定を待って、翌年、粟田真人《あわたのまひと》を代表とする遣唐使《けんとうし》が中国に派遣されますが、この時の遣唐使は、はじめて国名を「日本」と称しました。中国では「どうも倭人らしいが、日本、日本と言っている」と言って、当惑したようであります。一つの国家としての「日本」の成立が、ここに示されたわけであります。

次の八世紀について、見通しを一応大まかに申し上げておきます。

大宝律令によって日本の律令制は確立いたします。この日本の律令制は、中国の律令を模範にして作られました。日本と中国の律令の研究は古くから行なわれておりますが、最近になって中国の寧波《ニンボー》の天一閣《てんいつかく》から、北宋の時代の天聖令《てんせいれい》の写本が新たに発見されました。今日おいでいただいている、中国社会科学院の孟先生も加わりまして、その校訂あるいは法令の復元ということが行なわれ、二〇〇六年にそれが刊行されております。

残念ながら、軍事制度と直接関係を持つ軍防令や宮衛令は、この中に含まれておりません。全部の写本が残っているわけではなくて、アヘン戦争のときに失われた可能性があります。しかしこれによって日本と中国の令との比較研究は非常に進めやすくなりました。日本ではどのように中国の律令を改訂して律令を作り上げているのか、そういった様相が明らかになってまいりまして、今後の研究の成果が期待されるわけであります。

軍事制度としましては、日本では律令制のもとで軍団兵士制が成立します。それぞれの戸《こ》の、二一歳以上の正丁《せいてい》の中から兵士を徴発し、一〇〇〇人の兵士をもって軍団を構成する。兵士は軍団に交互に上番して軍事教練を受けるとともに、衛士《えじ》として一年間中央に勤務し、防人《さきもり》として三年間九州の防衛に当たる。この軍団兵士制は中国の府兵《ふへい》制を参考にして作られておりますが、中国の府兵制と日本の軍団兵士制との間には色々な面で相違があります。また、この軍団兵士制が何のために作られたのか、それにつきましても、日本の研究者の間では、これは国内において国家の全国支配の支柱としての役割を果たしているのだとか、対外的な脅威に備える防衛的なものであるとか、あるいは外国に対して遠征の軍を送るための組織として作られているのだとかいうような、様々な見解が出ておりますが、やはりこれは成立の経緯から考えて、基本的には七世紀の東アジアの政治的な緊張に対処するための防衛的な軍事体制として成立したものであって、その基本は農民から兵士を徴発して、常に備えておく、常備軍として設けられたものと見るのが正しいと思われます。

東アジアの動きは、八世紀においても日本の軍事に大きな影響を及ぼしております。八世紀の東アジアでの出来事としては、一つには新羅の動きがあります。七世紀後半以後、新羅は唐と対立的な状況にありましたが、八世紀の中ごろになりまして、七三五年、唐は新羅の大同江以南の領有を承認し、唐と新羅との関係は好転いたします。それと相反する形で、それまで朝貢国としての関係を日本に対してとっておりました新羅は、自国の独立といいますか、対等的な関係を主張するようになりました。八世紀の三〇年代以降、日本と新羅との関係は非常に緊張したものとなり、藤原仲麻呂《なかまろ》＝恵美押勝《えみのおしかつ》の時代には、新羅に対して軍隊を送るという計画までなされることになります。

この藤原仲麻呂の計画につきましては、当時の渤海《ぼっかい》との状況とも密接な関係があります。七世紀の終わりに成立した渤海は、八世紀になりますと勢力を強め、中国と対立するようになります。七三二年大武芸《だいぶけい》の時には中国の登州《とうしゅう》、山東《さんとう》半島を襲ったりもしております。そうした中で唐と新羅との連携が強まり、またそうした中で唐に安史《あんし》の乱が起こったのを機に、日本は渤海と結んで新羅に軍を送ろうと計画を立てたものと思われます。

安史の乱、七五五年に唐で起こりました安禄山《あんろくざん》・史思明《ししめい》の反乱は、東アジアの諸国に大きな影響を及ぼしました。東アジアの中心である唐王朝に生じた緊急事態に対して諸国は動揺し、それに対して機敏に対応いたしました。安史の乱が起こって三年後の七五八年、渤海に遣わされた日本の使、遣渤海使が乱のことを報じますと、朝廷は直ちに大宰府に警備の強化を命じております。このように東アジアの動きは直接日本に大きな影響を及ぼし、それに対する軍事的な対応も行なわれたわけであります。

このように、七世紀を中心にいたしまして、東アジアは非常に緊迫した状況に置かれ、各国はそれぞれ自国の軍備を増強して、軍事的な革新をはかってまいりました。倭国においても白村江の敗戦が深刻な反省となり、その後の国家体制の構築や軍備の成立に大きな影響を与えたと考えられます。

ただし日本、倭国の場合、他の東アジアの諸国と対比した場合には、やはり大陸とは海を隔てているということから、その軍事的な緊張感は、一時期を除いては概して希薄であったと言えると思います。律令制のもとで、国家的軍制としての軍団兵士制が成立いたしましたが、現実に、全国にわたってこの制度を維持し、機能させることにはかなりの困難がありました。新羅との関係の悪化など、対外的な緊張が生じた場合には訓練の強化などの政策がとられるわけでありますが、一時的に、泥縄的に行なわれることが多く、喉もと過ぎれば熱さを忘れるというか、もとの状況に戻ってしまうことが多かったように思われます。

安史の乱のあと、東アジアの諸国は、それまで圧倒的であった唐の影響から脱して独自の動きを示すようになり、国家間の緊張が失われてまいります。日本の国家的軍事制度である軍団兵士制も、その基本的な存在理由を失っていったと思われるわけであります。国内における農民層の分解、そうした中で兵士の弱体化が進み、八世紀の後半には軍団兵士制は有名無実なものとなり、結局七九二年、桓武《かんむ》天皇の延暦一一年、辺境を除いて軍団兵士制は廃止されることになりました。

以上大変大ざっぱに八世紀に至るまでの日本における国家形成の動きと、その中での軍事との関わりというものを、東アジア全体の中で見てまいりました。日本の軍事制度そのものを考える場合には、ことに東北地方の蝦夷《えみし》との戦いの問題が非常に大きく、これが関東地方や中部地方の九世紀以降の武力の問題、武士の成立といった問題とも関わってくるわけでありますが、今日はそこまで話を進める時間はありませんでした。時間を超過しておりますので、この辺で私の話はおしまいとさせていただきます。どうも、ご清聴ありがとうございました。

第一部　歴史——七世紀東アジアのいくさ——

唐前期における戦争と兵制

孟　彦弘（翻訳　吉永　匡史）

はじめに

唐前期の兵制は、かねてより注目されてきたテーマである。先学はこの課題に対して研究を深め、多くの精緻な見解を提示してきた。本稿においては、先学の研究成果を踏まえた上で、兵制と戦争との関係という視点から、府兵制《ふへいせい》崩壊の原因と節度使《せつどし》兵制の性格の変化について再検討を加えたいと思う。御指正をお願いしたい。

なお本稿で述べるところの「唐前期」とは、両税法の実施まで、すなわち七八〇年までの時期を示している。

一　唐初における戦争、府兵制の運用とその廃止

隋末、李淵《りえん》（唐の高祖）は太原《たいげん》で挙兵し、職業兵制を作り上げたが、太宗《たいそう》の貞観二年（六二八）になって兵農一致の府兵制を回復した。このような兵制下において、常備軍は中央の宿衛軍と

鎮戍《じゅ》の防人であった。宿衛軍は折衝府《せっしょうふ》から輪番して上番した一部の府兵によって編成され、約七、八万人であった。また防人は、辺境の要地に駐屯する軍事力であり、駐屯する人数によって鎮と戍に区分された。総数は七万人を超え、府兵と一般百姓の中から差発されたが、府兵の方がやや多かったかもしれない。このほか戦争の際には、府兵制のシステムによりつつ臨時に行軍を編成し、戦争が終結すれば速やかに解散することとなっていた。府兵は行軍の中核を為すが、人数においては召募された一般百姓（つまり募兵）の方が多かった。折衝府は中央の諸衛に統轄され、これに上番し宿衛する府兵もまた諸衛に統轄されていた。戦時に行軍が編成されると、中央が臨時に行軍総管《こうぐんそうかん》、大総管や元帥などを任命し、彼らに府兵を統率させた。鎮や戍は都督府《ととくふ》に統轄されていた（都督府は総管府から変化して成立したものであり、軍区の性質を有している）。

このような制度の下では、京師に駐屯している府兵と辺境の要地に駐屯している防人の役割は、主に防守と治安維持ということになり、征討任務を引き受ける余力はない。征討とは主に、行軍を編成して完遂されるものであった。しかし、府兵制度の制度設計の下では、戦争は速戦・速決で行われなければならなかった。いったん戦争が膠着状態に陥ってしまえば、この制度では適応しにくくなるのである。事実、まさにこのようであった。

（1）辺境情勢の変化と辺要防備の駐屯兵

李唐は中原を統一した後、周辺地域に対し、一連の征服戦争を起こした。貞観一四年（六四〇）には高昌を平定し、安西都護府《あんせいとごふ》を設置した。これは唐王朝が辺境に初めて設置した都護府である。高宗が即位すると、辺境地域に対する支配を更に拡大・強化した。北方においては、瀚海《かんかい》都護府を増設している。龍朔《りゅうさく》三年（六六三）には、燕然《えんぜん》都護府を北方にある回紇《かいこつ》部の所在地に移し、瀚海都護府と改称した。そして、元の瀚海都護府は東方の雲中に移され、雲中都護府と改称した（その後また単于《ぜんう》都護府に改称された）。瀚海は磧北を統括し、雲中は磧南を統括した。西北においては、顕慶《けんけい》三年（六五八）に西突厥《とっけつ》を征服してからは安西都護府が亀茲《きゅうじ》《クチャ》に移転し、兵力を強化した。東では、顕慶五年（六六〇）に百済を滅ぼし、総章元年（六六八）九月には高句麗を滅ぼして安東都護府を平壌に設置し、二万の兵士を率いてその地を守備した。

都護府が統括する鎮守軍の編成は未だに明確な記載がないが、安西都護府下の安西四鎮のように、軍、鎮、守捉《しゅそく》と称されていたのかもしれない。『新唐書《しんとうじょ》』兵志に「唐初、兵の辺を戍《まも》るは、大は軍と曰い、小は守捉と曰い、城と曰い、鎮と曰う」とあるのは、これを示している可能性がある。

しかし、わずか一〇年で辺境の情勢は更に悪化し、この体制が再び脅かされることになる。そのきっかけは青海チベット高原に建設された吐蕃《とはん》である。吐谷渾《とよくこん》を滅ぼした後、唐の隴右《ろうゆう》・剣南の領土は吐蕃から直接の脅威を受けることとなった。同時に、突厥は唐に対して兵を挙げて反乱を起こし、ついに永淳二年（六八三）になると唐王朝の支配から抜け出したのである。万歳通天年間（六九六～六九七）には、契丹《きったん》と奚《けい》がまた唐に対して次々と反乱を起こし、突厥と協力し合って、唐の辺境地帯を侵し騒擾を引き起こした。その後、唐王朝が旧高句麗の領土に設置した安東都護府も、やむなく遼東《りょうとう》へと撤退した。

この一連の変化には、相互に内在的な関連と影響がある。すなわち突厥の復興は、吐蕃の興隆と、唐王朝を脅かしたことを背景として成功し、唐に対する契丹と奚の反乱は、突厥がすでに復興した状況のもとで起きたのである。これは東アジア情勢が根本的に変わったことと、李唐の諸蕃共主という時代が終わったことを示している。このような情勢に直面し、李唐はやむを得ず、辺境の防衛制度を再調整することとなった。

儀鳳《ぎほう》二年（六七七）八月、劉仁軌《りゅうじんき》が「洮河《とうか》道行軍鎮守大使」に任じられ、吐蕃の防衛にあたった。「行軍」とは臨時に編成された征討を目的とする部隊であり、「鎮守」は行軍とは反対に、駐屯・防衛を担うものであった。仁軌の職名からみると、彼が統率した部隊は臨時に編成された行軍であるが、駐屯と防衛の任務も担っていた。翌年、吐蕃との戦いで敗北した後、唐王朝は吐蕃に対する「綏禦《すいぎょ》の策」を検討して作り上げた。吐蕃の強い勢いに鑑み、更に自然条件の厳しさも考慮すると、唐王朝は「近きを討てば則ち徒《いたづら》に兵威を損ない、深く入れば則ち未だ巣穴を窮めず」という板挟みの状態であった（『旧唐書《くとうじょ》』吐蕃伝）。そのため、唐王朝は兵士を駐屯させ防衛させるという防御戦略をとることとした。これは、唐王朝の対外戦略が「攻」から「守」へと根本的に転換したことを示している。そして、黒歯常之《こくしじょうし》には「河源軍使」として兵士を統率して鎮守するよう命じた。その職名には、すでに「行軍」という文字はなくなっていた。

「軍使」の名称を帯びて統率し鎮守することと、中央に直属することは、本来の都護府における辺境防備体制以外に、専門の軍隊を増設して辺境防備の責任を負わせたことを意味した。『旧唐書』吐蕃伝には以下のようにある。

是歳に於いて山東の丁男を戍卒と為し、繒帛《かいはく》を軍資と為すことを調え、屯田以て糗《きゅう》糧に資し、牧使以て羊馬を娩《う》むこと有り。大軍は万人、小軍は千人、烽戍邏《ら》卒、万里相継ぎ、以て強敵を却く。隴右鄯《ぜん》州を節度と為し、河西涼州を節度と為し、安西・北庭にも亦節度を置く。関内は則ち霊州に於いて朔方《さくほう》節度を置く。又受降城・単于都護府有りて之を藩衛と為す。

これは『旧唐書』の筆者が、その後に成立した新しい辺境警備体制＝節度使体制の直接の淵源は、吐蕃の脅威によって、中央体制に直属する「軍」という独立機関を辺境に作り上げたことにある、と考えていることを示している。

辺境情勢の変化によって、元来辺境に配されていた兵力は、辺防任務には不足となり、都督府に統率された労役的性格を持つ防人は、都護府に統率された鎮兵に取って代わり、かつその兵力はますます強大となった。都護府は軍政一致の機構であり、これに統率された鎮兵は征伐を目的とするのではなく、主として唐王朝が辺境地域の部族に対し羈縻《きび》支配を行う際の、軍事的基礎を為すものであった。吐蕃が勃興してからは、辺境防備をめぐる情勢は根本的に逆転し、都護府が統べる鎮兵は辺境の守備には不十分となったため、軍事と防守を専門とする単純な軍事機構を増設し、軍隊の機能を更に効果的に発揮させたのである。そして、軍事情勢のニーズに応じて増設を続け、これによって、相互協力可能な軍区を作り上げた。すなわち、節度使の防御区域である。その編成には、「軍」のほか更に城、鎮、守捉があり、都護府も次第にこの統領システムに編成されていった。この辺境防備体制は、天宝初年に最終的に確立したのである。

(2) 兵員徴発の変化―府兵の募兵化

都督府を主な鎮防機構とする時代において、防人は府兵と一般百姓によって担われていた。高昌国を平定して初めて都護府を設立した際に派遣された一〇〇〇人あまりの鎮兵もまた、殆どが府兵であった。百済を平定した後、劉仁軌は鎮守のために残された。高句麗を滅ぼして安東都護府を設置した時、薛仁貴《せつじんき》は更に二万人の兵をもって鎮守した。これらの鎮兵の中で、主力は「行軍」による征討終了後も残留した一部の征行兵士であった。前述したように、予備兵的な府兵制のもとにあっては、征行の際には府兵を召集する一方で、一般百姓の召募（募兵）も必要であった。人数においては、後者がより多く、ゆえに残留した鎮兵には募兵の方が多かった。

鎮兵の任期は一年であり、これはおそらく防人の任期を参照して定められたものである。しかし実際には鎮兵の年限を延長させる方法もあり、例えば劉仁軌が百済に鎮守した際には、鎮兵を三年も駐留させたことがあった。更に延期はほぼ慣例となり、開元五年（七一七）になって中央はようやく鎮守の任期に対して明確に調整を行って、鎮兵の任期が延期するという慣例を制度化・正当化し、磧西《せきせい》諸鎮の鎮兵は四年ごとに交替し、その他の地域の鎮兵は二年または三年ごとに交替することを規定したのである。

しかし、鎮兵は募兵を主体とするが、鎮守に留められた時に府兵も並存したため、鎮兵が駐屯防備する期限の延期と共に、鎮兵の中において府兵と募兵の待遇に差違が現れることとなった。府兵は特定の身分であり、国家の租・庸《よう》・調・雑徭《ぞうよう》といった義務を負う必要はなかったが、各種の装備を自弁しなければならないため、農作業に従事する一定の時間を与えなければならない。彼らの役務時間を延長するならば、数回の宿衛あるいは上番の免除を補償としなければならないのである。募兵は国家が臨時に召募するものであり、政府が武器などの装備一式を供給するほか、「去るに行賜を給い、還るに程糧を給う」ことを求められた（『冊府元亀《さっぷげんき》』巻一三五）。

庶民の労役期限切れに対する復除規定は、『唐会要《とうかいよう》』巻八三「租税上」に次のようにみえる。

凡そ丁の歳役は二旬、……事有りて役を加える者は、旬有五日ならば、其の調を免じ、三旬ならば則ち租調倶に免ず。正役を通じて五十日を過ぎず。

この規定から、征行や鎮守に向かう募兵もまた、本人が兵役に服する期間には、租・庸・調・雑徭が免除されると類推することができよう。短期間の征行や鎮守では、上述のように府兵と募兵との差違は大きくないが、長期にわたると大きな違いが現れてくる。なぜなら、府兵は長期間兵役に服すれば上番を免除されるが、多くても三番までであり、もし鎮守期間を一年とすると、ちょうど翌年の上番を免除することができるからである。これが防人の任期を一年に規定し、鎮兵の鎮守の期間も一年にした原因である。つまり、一年間の駐屯防備においては、府兵と募兵との差違は大きくないのである。

しかし、鎮守任期を一年とする規定は厳格には実行されなかった。このような状況下では、募兵はその出征と鎮守の期間に応じて政府から兵役の対価を受けるものの、府兵は一年を超えると免除される番がなくなってしまう。この問題を解決する唯一の方法は、一年以上を超えた府兵に対し、募兵と同様に政府が対価を支給して慰労しなければならない。鎮兵における府兵が、募兵制に転換することは必然であった。この過程は、鎮兵の主力が完全に府兵から募兵に転換されることによって完成した。

（3）兵農一致の兵士から、職業兵へ

鎮兵の身分と待遇についての問題は解決したが、鎮兵の任期が延びて二、三年ないしは四年で交替することになっても、期限切れになれば帰郷させるのであり、再び一般百姓から召募し、鎮守に向かわせねばならなかった。こうすると、二つの問題が浮かび上がってきた。一つ目は、往復交替に要する路程がはるかに遠かったこと。二つ目は、兵士が充分に訓練されなかったことである。駐屯防備する地域が多くなるに従って、問題もますます深刻となった。

この問題が発生したのは中宗および玄宗の初年であり、このために政府が神龍《しんりゅう》元年（七〇五）と開元二年（七一四）にとった対策は、側近の人を鎮兵に充当し、更に軍士に対する訓練の実施を強調するものであった。しかし、予想した効果が得られなかったため、開元二年一〇月に詔《しょう》書《しょ》を下し、引き続き近隣で兵士を召募することを強調するほか、更に根本的な対策を講じた。すなわち、「戦兵は別に簡《えら》びて隊伍を為《つく》り、専ら教練せしめ、輒《たやす》く使役すること有るを得ざれ」（『冊府元亀』巻一二四）と規定して、鎮兵の中から一部を選抜して戦兵とし、専門の訓練を受けさせたのである。開元八年（七二〇）には、鎮兵の中から戦兵を選ぶという制限を取り払って、一般百姓から専門に召募して戦兵とした。当然ながら、これら専門に召募された戦兵は特別な待

遇を与えられたのであった。
戦兵の鎮守期限については、開元一六年（七二八）になって「分ちて五番を為《つく》り、一年毎に一番の洗休を放《ゆる》すべし」と明確に規定された（『冊府元亀』巻一三五）。ここに至って、「健児」と呼ばれる鎮兵の中の戦兵は長期間にわたって鎮守し帰郷せず、終身の職業兵士となり、順番に休暇式の休みを受けることになった。これは、鎮兵の中で一部の軍人（戦兵）の職業化が完成したことを示している。

戦兵が職業化し、加えてその人数・質ともに次第に辺境鎮軍の主力と中核となったことに鑑み、政府は開元二五年（七三七）五月に各地の鎮兵において、徹底的な改革を行い、各道の節帥《せっすい》にその兵力を確認させ、「丁壮の健児に充て長く辺軍に任《つか》えんことを情願する者を取り」（『冊府元亀』巻一二四）、鎮兵とした。つまり鎮兵中の戦兵以外についても、戦兵の方法によって召募することになったのである。同時に、往来の労苦を除くために、田畑と家屋を与え、家族が軍州まで随ってもよいとするなどの措置をとった。これらの措置によって彼らは職業化し、かつ土着化した。翌年正月の「親祀東郊徳音」（『唐大詔令集《とうだいしょうれいしゅう》』巻七三）の中で、この事実が表明されている。

別に召募を遣りて、以て辺軍を実《み》たし、其の厚賞を錫《たま》い、便りに長く住ましむ。今諸軍の召す所、人数尚《なお》足る。中夏に在りては、自ら能《よ》く兵を罷《や》む……自今已後、諸軍の兵健は幷びに宜しく停遣すべし。其れ鎮兵を見ば、幷びに一切放還せよ。

これによれば、制度上、鎮兵はすでに完全に終身の職業兵となっている。つまり鎮兵はすべて職業化されたのである。

要するに、顕慶五年（六六〇）以降、鎮兵はすでに基本的に募兵となったが、鎮守には一定の期限があり、延期する慣例はあるものの、任期が終われば帰郷していた。開元初年にいたって、政府は鎮兵の中に戦兵を設け、その鎮守期限は一般の鎮兵より長くなった。開元中期にはついに長期の鎮守となり、数年ごとに順番に一回の休暇を与えられた。これらの軍人は「健児」と呼ばれ、終身の職業兵とされた。その後、政府は絶えずこのような職業兵を召募して増やし続け、一定の任期を持つ鎮兵に取って代わった。そして開元末年になって、この移行は完成したのである。彼らは終身の職業兵であることから、その待遇は一定の任期を持つ鎮兵とは異なったが、開元二五年以前には、順番に休暇するという規定以外、その他の明確な規定は確認できない。開元二五年に徹底的に兵制改革を行った際に、「毎年常例に加えて給賜し、兼ねて永年の優復を給う。その家口同じく去ることを情願せば、軍州に至ることを聴《ゆる》し、おのおの田地・屋宅を給え」（『大唐六典《だいとうりくてん》』巻五）と規定した。ただし、特別な優遇についての具体的な内容は分からない。大暦一二年（七七七）に至り、ようやく明確に「春冬の衣幷びに家口の糧を給う」と規定された（『唐会要』巻七八）。つまり、国家はその家族の食料を負担したのである。

（4）府兵制の廃止

府兵は特定の身分であったため、ひとたび選ばれると生涯にわたって兵士とされ、各種の装備を自弁する以外には、国家の租・庸・調・雑徭などの義務を負う必要がなかった。しかし鎮兵の主力が府兵から募兵に転換し、鎮兵内部の府兵が募兵化するに伴って、都督府の役割が低下すると、その鎮守の任務は重要でなくなり、ついには消失してしまった。辺境の鎮兵が増加するに従って、辺境の軍事任務は主に鎮兵によって遂行された。こうなると、府兵の任務はただの宿衛のみとなってしまった。

しかし、番上宿衛を行うのは決して全ての府兵ではなく、関内・河東・河南などの地域の府兵のみに限られていた。この状況によって、一種の矛盾が生じた。府兵が年限を超過して服役すると募兵化されるが、もし規定に沿って服役すると、その役割と任務は大いに低下減少し、しかも頗る地域性を備えることになる。更に、府兵は一種の身分でもあるため、服役しなくても、国家のその他の義務を負担する必要がなかった。つまり国家は、一部の人間が負うべき租・庸・調・雑徭をむざむざと除いていた。このため、政府は辺境の兵士を整備するにあたって、府兵制そのものの調整を始めたのである。

先天二年（七一三）正月に下された詔には、以下のようにある。

往《いにしえ》は戸を計りて軍に充て、二十一にして募に入り、六十にして軍より出さしむ。……応《まさ》に天下の衛士《えいし》は年二十五以上なる者を取りて充て、十五年にして即ち放出し、頻りに征鎮を経る者は十年にして放出せしむべし。自今〔已〕後、羽林飛騎《うりんひき》は並びに衛士中に於いて簡補せよ。（『唐会要』巻七二「京城諸軍」）

これは一方で、府兵の年限を一〇年から一五年までに減らしたのであるが、換言すると、その他の時間には一般百姓と同じように、兵役に服していなければ租・庸・調・雑徭を負担しなければならなくなった。もう一方では、先に北衙《ほくが》禁軍に府兵の中から兵力を補充することを命じており、これはできる限り府兵の服役人数を増やすためであった。開元六年（七一八）には、折衝府の府兵の差点を三年に一回の割合から六年に一回まで延ばし、折衝府に在籍する府兵を更に減少させた。開元八年（七二〇）二月に下された勅には「（衛士は）宜しくその歳限を促し、百姓をして更迭して之に為さしむべし」とあり（『資治通鑑《しじつがん》』巻二一二）、再び府兵の身分年限の短縮を強調した。開元一一年（七二三）に至り、張説《ちょうせつ》の建議によって、京師に宿衛する府兵もまた募兵化した。これがいわゆる「募士宿衛」であり、政府が府兵制を完全に放棄したことを示している。

史書は府兵制廃止の原因を、府兵が逃亡して宿衛に不足したことに求め、またこの状況は府兵の負担が過重であったことによって引き起こされたとする。近年も、この理由によって立論する研究者が存在する。しかし、府兵にとって最も重い負担は辺境での大規模な駐屯であるが、この段階では制度自体に対する政府の対応が見当たらず、逆に、開元初年の折衝府は六三三府であり、人数は六八万人に達している。

谷霽光《こくせいこう》氏はこの数値を崩壊寸前のものと述べるが、六三三府、六八万人であることは事実である。これは府兵が、高宗と則天武后の治世に、負担が重いため逃亡した、という見方はとれないことを示している。本当にこのような厳しい状況であれば、開元初年に至るまで府兵に対して各種の対策を講じていくことはできなかったであろうし、またこれらの対策は府兵制を守ることと一致しなかった。ましてや負担が重いのであれば、取るべき対策は、この制度を廃止することではなく、負担の減少である。事実、政府はそうした方策を取っていた。

例えば、親子兄弟が衛士であるものは派遣しない、祖父母・父母が年老いて病気であり当人以外に成人男性がいない場合は、その征行と番上が免除される、などである。これらは全て、出征する人物に与えられる特別な優遇である。もしこうしたさまざまな対策によってもこの制度を維持することができないとすれば、この制度自体に問題が存在するのである。

また府兵制の改革に対しては、当時強烈に反対されたことはなく、反対する声は後人が府兵制度を理想化した後に発生したものである。『新唐書』兵志は、従来の説明では説得力がないと考えたのか、「高宗・武后の時より、天下久しく兵を用いず、府兵の法寖《しん》壊す。番役の更代は多く時を以てせず、衛士は稍稍《しょうしょう》亡匿す。是に至りて耗散を益《ま》し、宿衛給うこと能わず」と説いている。宿衛兵力の不足を高宗や武后がしばらく兵を用いなかったことに帰因させるが、これは明らかに間違っており、当時はちょうど辺境情勢が悪化を辿る時期であった。

実際には、先に引用する史料から、次の結論を導き出すことができる。いわゆる府兵制の崩壊は、政府に養われた鎮兵が主な軍事任務を担うことになり、予備兵的な府兵の存在価値がなくなったことに帰因する。しかし府兵は特定の身分であったため、生涯その他の義務を免除されていた。そこで、政府は意識的に府兵を減少させ始めた。その具体的な方法は、府兵の負担が重すぎることを口実として、府兵身分の時期を短くし、更に府兵差点の周期を延ばし、逃亡者や死亡者が出ても補充しなかったというものである。開元一一年（七二三）には、張説が「一切これを罷め、別に強壮なるものを召募して、其れ宿衛せしめんことを請う」（『旧唐書』巻九七）と建策することになる。

都督府が統率した防人は鎮兵に取って代わられたが、辺境の鎮兵もまた顕慶五年以降、基本的にほぼ全員募兵となった。ただし開元一一年に正式に府兵制を廃止するまでは、折衝府が軍事行動においては依然としてその役割を果たしていた。もちろん、その効果は過去とは同一に論じられないもので、せいぜい補充、あるいは地域の治安維持的な性質のものであった。西州蒲昌府《ほしょうふ》の開元二年における状況を、その例証とすることができよう。

二　安史の乱と軍隊の地方化

安史の乱を平定する過程において、軍隊の性質は変化を遂げ、もとは中央軍隊であったものが地方軍隊に転換した。これがいわゆる「軍隊の地方化」である。「食出界糧」の出現とその制度化、行営の普遍化と制度化および軍政一致の地方体制の確立は、軍隊の性質の変化過程を表している。更にそれらの最終的な確立は、軍隊の地方化の完成した姿をも示すことになる。この変化は、節度使体制の形成に始まり、両税三分法の確立で完了するのである。

(1) 行営の制度化と普遍化

行営が通称から専称となり、更に一種の制度となることは、安史の乱を平定する過程において生起した。

至徳《しとく》二載（七五七）九月、政府軍は反乱軍に対して全面的な反撃を開始した。一〇月、郭子儀《かくしぎ》は軍隊を統率して両京を奪還した。一二月、郭子儀は東都で、そして李光弼《りこうひつ》は太原にあって河北を管理し、郭子儀が主管する南線と李光弼が主管する西線とからなる両線が、河北を挟撃するという戦略構造となった。ここに至って戦事は一段落し、その結果、これまでのような救急式の受け身の戦局は終わり、中央が主体的に戦事の配置を行うことができるようになった。この年、節度使の防衛区域を大規模に調整したことは、その表れの一つである。行営の普遍化と制度化は、このような背景の下で発生したのである。

『資治通鑑』乾元元年（七五八）三月条の「鎮西・北庭行営《こうえい》節度使李嗣業《りしぎょう》は河内に屯す」という記事について、胡三省《こさんせい》は「行営節度使は此れより始む」と注している。しかし「行営節度使」という名称は「此れより始む」ではない。『資治通鑑』には高仙芝《こうせんし》が小勃律《しょうぼつりつ》を討った時の記事があり、そこには仙芝の職名を「制して仙芝を以て行営節度使と為す」と明記しているのである。これを胡三省が知らないはずがない。合理的な解釈としては、三省のこの記事に対する注は、臨時の事例ではなく制度上の根拠があった、すなわち制度上「行営節度使」がこれによって始まることが規定されていたからと考えることができる。つまり、高仙芝が出征する際の「行営節度使」という名称は臨時であって先例とは成り得ないが、李嗣業を「行営節度使」に任命した事例は先例たり得、制度によって定められたという意味をもっているのである。胡三省はかような制度に依拠してこの注を施した。そのため、乾元元年の鎮西・北庭に対する行営節度使の任命は、今後「行営」さえ設立すれば、その長官が行営節度使となることを意味した。「行営」は節度使の一種の制度として設定されたのである。

当初は本軍を離れて軍事行動をとる軍隊をすべて「行営」と称していたわけではなかったが、やがて普遍化していった。その過程を以下に追っておこう。

郭子儀が河南（南線）で河北を管理していた際のこととして、『資治通鑑』乾元元年（七五八）八月条には「子儀、行営に詣《いた》る」とみえる。これは彼が東都に戻って河北を管理することを示し、「行営」とは彼が河南で統領する各部を示す。しかし、この年の九月に九節度使が相州を攻撃した際、北庭行営以外には、魯炅《ろかい》に統率されたものだけ「淮西《わいせい》・襄陽《じょうよう》節度行営」と称されたのではなかった。相州の戦の後は、「諸軍、おのおの本鎮に還る」とある。まもなく、朝廷は再び防御構造を調整し、「子儀を以て東都畿・山南東道・河南諸道行営元帥と為」した。職名に「行営」とあるが、その他の関連史料にはこの二文字がいずれもない。これは各鎮の軍隊が出征した際の本鎮に対する呼称ではあったが、まだ皆が「行営」と称していたわけではないことを示している。しかしまもなく、李光弼が郭子儀に取って代わった際には、その肩書に「知節度行営事」と書かれ、「行営」はすでに職名として確定している。「行営」が職名となったことは、行営の設立が制度化されたことを示す。つまり、本鎮を離れて作戦する軍隊はすべて「行営」と呼ばれるようになり、ここに行営の設置が普遍化したのである。

行営の普遍化と制度化は、軍隊の土着が普遍化し、制度化されたことを反映している。これは安史の乱を鎮圧する過程において発生し完成したもので、偶然の産物ではなかった。安史の乱は突然勃発したため、両京を守ることができず、朝廷は主に朔方軍に頼った。また中央政府は朔方軍と同所に存在したため、本鎮と行営との区別はなかった。救援に馳せ参じた辺軍は、主に安西・北庭および河西であった。河西は朔方と似たような状況であったが、安西と北庭はその本軍から遠く離れていたため行営を設置した。その他の節度使はすべて「賊衝に当たる者」であり（『資治通鑑』巻二一七）、現地を守備するために設置されたもので、もちろん本鎮と行営との区別もなかった。両京を奪還し、反乱軍が撤退して河北を守り、中央政府が自ら軍事配置を調整することができるようになって初めて、大軍を有し、「賊衝に当た」らない節鎮が多く出現した。相州を包囲攻撃し、節鎮の軍隊を調達し北上させて初めて、本軍を離れて軍事行動を行うことが普遍的な状況となったため、諸軍の敗退について「諸軍、おのおの本鎮に還る」と言い、特に「本鎮」という言葉を強調したのである。敗戦後東都を防守する際の郭子儀の職名から、彼に統率されていた軍隊は具体的な節度使ではなく、一つ、あるいはいくつかの行政区画の中における節度使（東都畿・山南東・河南）であったことが分かる。これは、軍隊に対して「本鎮」という概念が確立したことを意味する。李光弼が子儀に取って代わり、南線を主管した際、その職名は「知節度行営事」であった。郭と李は同レベルの職権を持ちながら、職名が異なっている（その間は非常に短い期間であった）。これによって、「行営」の制度化と普遍化がちょうどこの時期に確立されたことが判明するのである。

安史の乱以前は、各節度使はそれぞれ比較的固定した駐屯防御区域を持ち、土着する傾向もあったが、命令を受け軍事行動を行い、行営を設置するということは特例であった。安史の乱を鎮める過程では、「行営」は普遍化・制度化され、軍隊は土着傾向から土着状態となった。「賊衝に当たる者」によって設置された節鎮は、元来現地の軍隊であった。その後、軍人が土着することは通常となり、いくつかの反乱が勃発したが、これらはすべて軍隊が駐屯地を移転することによって引き起こされたものであった。

安史の乱が勃発した際、鎮西・北庭行営は命令を受けて内地へ向かい、反乱を鎮圧した。これらの軍隊は先後していくつかの地域に転戦したが、反乱に対する戦いにおいては、実力のある軍隊であった。大暦三年（七六八）、吐蕃の圧力に迫られ、朝廷はこの軍隊を邠《ひん》州から涇《けい》州に移し、河中に駐屯していた朔方軍を邠州に移動させたが、軍隊はこれによって変化した。同一の軍隊においても、軍士がその地に「住み慣れた」ために、軍隊の移動を承引しないこともあった。これは、軍隊の土着が確立し、更に濃厚な郷土色を持ち始めたことを示している。しかし、制度上の確立、つまり完全に地方軍隊と化すのは、両税三分法の実施をまつ必要がある。すなわち、軍政一致の体制を作り上げ、軍人が駐屯防守する地域と行政統轄地域を合体させ、その軍事費も現地から供給することになるのである。

（2）「出界の糧を食《は》む」——軍事費供給制度の変化

節度使兵制が府兵制に取って代わった後、その軍事費は安史の乱が勃発するまで完全に中央から供給されることとなった。

至徳元年（七五六）六月、潼関《どうかん》が破られ、玄宗はやむなく西に逃れ、京師《けいし》は陥落した。中央は情勢をコントロールできない状態に陥り、また地方は中央の状況に対して何も把握できなかった。玄宗が普安に到着し制書を各方面に下して、初めて各地は中央の状況を知ったのである。これについては『資治通鑑』巻二一八に「是より先、四方、潼関の守を失するを聞き、上の之く所を知る莫《な》し。是に及びて制を下し、始めて乗輿《じょうよ》の所在を知る」とある。そしてこの制書において、玄宗はすでに存在している節度使の上に、全国をいくつかの「路」という更に大きな軍事統率区域に分け、また軍事費の供給方法および「路」の節度使の職権範囲について、下記のように命じた。

まさに兵馬・甲仗・器械・糧賜等を須《もち》いるは、並びに本路に於いて自供すべし。其れ諸路の本節度・採訪・防御等使虢《かく》王等は、並びに前に依りて使に充つ。

（『唐大詔令集』巻三六「命三王制」）

各路の軍需の自弁を明確にしたのである。これは、中央が当時の情勢に対しコントロールを失った状態の下で、やむを得ず臨時に講じた対策である。各路の当時の現実を推測すると、剣南にあった玄宗にしても、霊武で即位したばかりの粛宗にしても、無力な状態に陥って以前のように中央から各地の軍隊に軍需を提供することはできなくなり、軍隊が自ら供給する方法を見つけるしかなくなった。この詔書を頒布しなくても、軍隊は自弁するしかなかった。粛宗《しゅくそう》は即位後も、軍需自弁を変更する詔を下したことはなかったのである。

自ら供給するとなると、幸運であれば、倉庫を開いて物資を得ることができる。例えば、天下の北庫と称される清河《せいが》庫は、当然河北で武力を発動する者に利用される。しかし、張巡《ちょうじゅん》・許遠《きょえん》は雍丘《ようきゅう》・睢陽《すいよう》を守り、魯炅は滍《ち》水・南陽等を守り、このような幸運はなかった。その中でも朔方にある軍隊のみは、その供給が中央によって調達された。――太子李亨《りきょう》は馬嵬《ばかい》の変の後、朔方に至って自らを皇帝と称して起ち、河北から各地に勢力を拡げた。彼らは中央の名を借りて漢水―洋州運輸線を開設し、江淮地方の租賦の補給を得たのである。

朝廷が反乱軍を河北に押し戻し、河北反乱軍と対峙する状態が確立した後、両税法を実施するまで、中央は軍事自供の方法を改変しなかった。そのため、楊炎《ようえん》が両税法の実施を求めた奏疏中には以下のようにある。

至徳に迨《およ》ぶの後、天下の兵起り、……軍国の用は、仰せて度支《たくし》・転運二使に給い、四方の大鎮は、又自ら節度・団練使に給い、賦役の司は数を増して相い統摂すること莫し。是においで綱目大壊し、朝廷は諸使を覆すること能わず、諸使は諸州を覆すること能わず。……重兵有る処は、皆厚く自ら奉養し、正賦の入る所は幾《いくばく》も无し。（『唐会要』巻八三「租税上」）

「軍国の用」と「四方の大鎮」、「重兵有る処」を分けて取り扱うのである。「軍国の用」とは中央の費用であり、度支・転運二使が税を取り立てて京師に運輸する。「四方の大鎮」および「重兵有る処」とは、軍隊の長官である節度使や団練使が自ら税を取り立て、自ら供給するのである。

軍隊が地方で税を取り立て、「厚く自ら奉養」することは、特定の環境下でしか行えず、一時的な措置となる。地方の財政収支改革は必ず実行しなければならなかった。

建中元年（七八〇）、唐政府は租税制度の改革を行い、租・庸・調を放棄して両税法を施行した。同時に財政収支においても相応の調整を行い、上供・送使・留州という「財政三分制」を実行した。三分の前提は「量出制入」である。すなわち州を単位として、まず州の財政総収入を確定し、ついで州の支出によって、そのうち「留州」の部分を確定する。そして節度使の支出によって、「送使」の部分を確定する。残りはすべて「上供」、つまり中央に納入する。「送使」は節度使分として納入し、その支出は主に軍事費である。このようにすれば、軍事費の供給を一時的な措置から一種の制度に転換させ、更に供給の保障も生じ、軍事費「自供」の局面を終わらせることになったのである。

しかし、「財政三分」の意義は、税収分配原則の変化だけではなかった。国家の全財政収入の中で、中央はすでに方鎮軍隊が必要とする軍事費を割き取り、これに供給していた。彼らに境界を越えて戦ってもらう場合、別途「出界の糧」を提供しなければならなかったのである。
この最も早い事例としては、建中四年（七八三）の李希烈《りきれつ》の討伐が挙げられる。

　是時、諸道賊を討つに、兵外に在らば、度支出界の糧を給う。軍毎に台省官一人を以て糧料使と為し、供億を主る。士卒出境せば、則ち酒肉を給う。一卒出境せば、三人の費を兼ぬ。将士之を利とし、境を逾《こ》えて屯す。（『新唐書』食貨志）

この供給を実行するため、中央政府は税収品目を増やさねばならなかった。ここから、「出界の糧」の数量は非常に膨大であることが分かる。軍隊に同行して出征する場合、政府から与えられる褒賞の支出は全く異なる。同時にこの支出は、驕《きょう》兵・悍《かん》将がその力に頼って求めたものではなく、一種の制度であった。しかし、この制度はこの時に始まったわけではない。『資治通鑑』建中四年六月庚戌条には、以下のようにある。

　旧制、諸道の軍出境せば、皆仰せて度支に給い、上、士卒を優恤す。出境する毎に、酒肉を加え給い、本道の糧は仍ち其家に給い、一人に三人の給を兼ぬ。故に将士之を利とす。

今回は「旧制」を踏襲しただけなのである。この「旧制」は両税三分法以前には発生し得ず、軍隊が地方で随意性の高い「自供」で取り立てていた状態においては、この種のシステムは全く必要がない。両税三分法の分配原則は、割合ではなく定額であり、収入の総額もまた定額である。この原則は、定額と方式が確定された後に発生したものである。また三分の定額は、中央と方鎮および州との共同協議によって確定されたものである。協議で決められた定額であるのに、なぜまた支出しなければならないのであろうか？ 双方の協議で決められた「送使」の額にある軍隊の維持費は、主に平時に限られ、戦時には中央から別途に支給する必要がある。戦時の費用は当然平時より高くなるが、同じ戦争であるのに、なぜ出境しなければ、中央は支給する必要がなくなるのであろうか？ ましてやこの部分の支出は（「一卒出境せば、三人の費を兼ぬ」）、戦時の費用ではなく、兵士個人に与えられるものなのである（「士卒出境せば、則ち酒肉を給う」）。軍人に対する個人的な供給は、軍隊の平時の費用として国家がすでに支出しているが、彼らを本来の防御区域から出して戦争に向かわせるならば、国家が別途軍事費を支払わなければならない。したがって両税三分法の意義は、現地の軍隊がその地の租税収入によって養われることを規定することにあったのである。これを前提として初めて、「出界の糧を食む」が出現する。

「出界の糧を食む」とは、「送使」定額を確定する際、中央と方鎮とがお互いに駆け引きをした結果なのである。中央はできる限り「送使」の定額を減少し、財政の力によって方鎮に対する支配力を強化する。一方、方鎮は定額以外、より多くの軍事支出を中央に転換させる。その本意は、税収分配と費用の支出における変化だけではなく、国家と軍隊との関係を中央と地方との関係のように変化させ、これによって軍隊と地方との間に密接不可分の関係を築き上げることにあった。いわゆる「地方」の中に軍隊という一要素を加え、また「軍隊」も地方の軍隊となったのである。

（3）藩鎮体制の変化―軍政分離から軍政一致へ

安史の乱以前において、節度使は軍事的な使職であり、州郡は元来の官職体系であった。この二つの職は並列および平行線にあり、それぞれ中央にある相応の機構に責任を負い、その間につながりもあったが、統属関係にはなかった。方鎮の出現は兵制の変化の結果であるが、この変化の過程において、軍隊と地方との関係の問題については触れなかった。節度使はいくつかの州郡を統率し、また治所州の長官を兼任することもしばしばあり、その幕下の将領が駐在地の地方長官を兼任することもあった。現地の刺史《しし》が担当した地域の軍使については、おそらく軍事指揮だけを受け、行政においては干渉する権限を持たなかった。

また、安史の乱以前には、地方を監督する採訪使《さいほうし》が常時地方行政に直接預かっていた。安史の乱に至るまで、節度使が採訪使を兼任する事例があり、特に剣南《けんなん》・関中《かんちゅう》の二採訪使は、皆剣南・朔方の二節度使を兼任した。しかし、節度使と採訪使がほぼ対応している河北・河東両道においては、幽州節度使と河東節度使（太原以北諸軍節度使から改称された）が河北・河東の採訪使を兼任したが、上に挙げた両道ほど特例性はなく、兼任する事例も少なかった。河西・隴右・安西・北庭については、同じ隴右道にあるが、これらの節度使が本道採訪使を兼任する事例はほとんどない。

節度使が採訪使を兼任する状況下で、その統轄する州が表すのは採訪の範囲であり、節度使とは関係がなかった。採訪使を兼任する節度使のみが、地方州郡に対する監督権を保有していたのである。しかし、このような兼任は通例ではなく、普遍的でもなかった。当時の政治情勢から見ると、開元後期に至ると、軍隊の職業化に伴って、節度使の選出および任用について、朝廷は「出将入相」への奨励がなくなり、意識的に軍将に対する支配を強化した。軍事制度から見ると、軍隊の職業化と共に、軍将の職業化も必要となり、府兵制時代の文と武を区別しない状況が少しずつ変化してきたのである。制度と政治情勢双方によって、当時の節度使は州郡に対する統轄権を持つことができない状態となっていた。また、中央は節度使に対して、別途に監軍使と呼ばれる監督者を置いたが、監督の対象は行政ではなく、主に軍事であった。

方鎮は州郡を統轄したが、これは安史の乱を平定する過程で築き上げたものである。

安史の乱から両税法実施までの間は、軍事費は方鎮によって自供されていた。自供とは、主に地方から取り立てることであるが、これには一定の範囲が決められていた。つまり、これらの州郡の租税が当該軍鎮に供給されていたのである。ある地域に軍隊が移動して駐屯すると、その地域は当該軍鎮に統轄されることになり、この地域が支出した租税が当該軍の軍需に供給されることとなる。したがって節度使を任命する際は、方鎮が統轄する州郡について明確な説明を要するのであり、その目的は、彼らの軍事費自供の範囲を説明することにあった。

しかし、租税の多少は、軍需の供給状況に直接影響するため、方鎮はその行政に対して関与しないはずがない。この時期の州刺史の任用状況を見ると、多くの刺史が方鎮節帥に任命され、また依然として方鎮幕府の官職に就いている。これは、方鎮の統轄する州郡に対する支配力がかなり強かったことを反映している。広徳年間以降、州刺史の任命は方鎮に干渉され（刺史に欠任があれば、使司が差摂した）、現任の刺史に対しても、平時には「悉く其の令に由り」、有事には「輙く追って使に赴き」、甚だしくは出境させる場合もあった。朝廷はこのような行為を止めようとして命令を下し、方鎮の州刺史に対する支配を制限しようとした。節度使が州県に対して支配あるいは干渉したことは事実であるが、制度が然らしめているのではない。節度使の州県に対する支配は、まだ正当化・制度化されていなかったのである。

両税法の実施によって、安史の乱後に出現した方鎮の州郡に対する支配は、慣習ではなくより合法的なものとなり、財政関係から行政の隷属関係に転換した。方鎮節度使が当道の採訪処置使を兼任し、最終的には、方鎮、州、県の地方三級体制を確立したのである。軍隊の駐留地は、安史の乱以前のような駐屯防衛範囲だけではなく、一つの行政管轄地区であり、駐屯した地域も統轄地域に変化した。そして、軍隊は現地人によって構成されて現地を守備し、更に現地の租税収入によって地方軍隊を養うこととなったのである。

おわりに──兵制の変化と戦との関係

軍事制度の確立は、前代の制度を継承するだけではなく、その当時の人々の設計理念も含まれている。しかし、結局のところ軍事制度は戦争服務のためにあり、戦争に規制されるものである。唐前期の兵制変化においても同様であったことを論じてきた。

唐は建国後、職業兵を兵農一致の府兵に転換させた。しかし、府兵の兵農一致の性質は、戦争の速戦速決を要求する。いったん戦争が膠着状態に陥れば、この兵制の欠点は残らず暴露されるはずである。戦争について言えば、膠着状態に陥ることとの方が速戦速決よりも多く見られ、これは兵農一致の府兵が職業兵に取って代わることが避けられないことを示している。

府兵制に基づく節度使兵制に取って代わったのは、職業兵制である。この兵制の下で、兵士は終身兵となり、地域に定住する形となり、軍隊は土着化の傾向をみせるようになった。安史の乱の勃発は直接的に軍隊を地方化させ、軍隊は中央軍隊から地方軍隊に転換した。軍隊の性格の変化は、朝廷の長期にわたる安史の反乱軍との戦いの中でもたらされたのである。

付記　本稿は孟彦弘「唐前期兵制与辺防」（『唐研究』1、一九九五年）の成果を、著者が本書のために新たに書きおろしたものである（編者注）。

白村江戦場の位置と地形について

李　相勳（翻訳　方国花）

はじめに

白村江《はくそんこう/はくすきのえ》の戦は、六六三年八月、白村江一帯で唐・新羅と倭・百済（復興軍）の間で起った戦闘である。これは東アジア諸国が参加した国際的な戦争の意味を持っていて、その後の東アジア地域に大きな影響を与えた。唐は白村江の戦後の六六八年に高句麗を滅亡させ、東北アジアの覇権を手に入れた。しかし、間もなく朝鮮半島の覇権を巡って唐と新羅が対立することになる。結局、新羅は六六九年から六七六年までの唐との決戦（羅唐戦争）によって朝鮮半島を中心に三カ国を統一することになる。この中で新羅は、断絶していた日本との関係改善に努める。一方、日本では唐の侵略による危機感が存在する状況で、六七二年に壬申の乱が起る（倉本一宏「天智朝末年の国際関係と壬申の乱」『日本古代国家成立期の政権構造』吉川弘文館、一九九七年）。このように、白村江の戦は古代東アジア史において非常に重要な事件だったにも関わらず、まだ白村江の位置は明確になっていない。

『日本書紀』にある「白村江」を、韓国学界では『三国史記《さんごくしき》』の記録から「白江」と呼んでいる（沈正輔「白江に対する研究現況と問題点」『百済文化』三二、二〇〇三年）。白江は伎伐浦《ギボルポ》と同じ場所で、六六〇年百済滅亡時に唐水軍が侵入した伎伐浦は水路から百済の首都（泗沘《サビ》＝扶余《プヨ》）まで直接航行可能な場所でなければならない。また、『三国史記』文武《ムンム》王一六年（六七六）条に「所夫《ソフ》里《リ》州伎伐浦」という記述があることから、白江は現在の錦江《グムガン》だと言えよう。さらに、六六三年白村江戦闘時、唐軍が熊津《ウンジン》江から白江に移動したことから、錦江の上流付近は熊津江、錦江の河口付近は白江だったと断定できる（津田左右吉「百済戦役地理考」『朝鮮歴史地理』一　南満州鉄道、一九一三年）。しかし、これに対する反論も多々あるため、現在もまだ論議されているのが「白江」という地名である。

白江の位置を決めるにあたって、大きく三つの問題がある。まず「熊津江より白江に往く」という記述から唐軍と新羅軍が熊津江から白江に移動したこと。次に「白江口」と「熊津口」が同時に存在すること。最後に唐軍と新羅軍が白江と炭峴《タンヒョン》を通過してすぐ百済（復興）軍が熊津口を防御したこと。そこで、熊津江と白江は別の川だったとも考えられる（小田省吾『朝鮮史大系』上世史　朝鮮史学会、一九二七年）。

これらの問題によって、白江を東津《ドンジン》江及び東津半島一帯とする説、安城《アンソン》川及び牙山《アサン》湾一帯とする説等が出ている。また、白江と伎伐浦を区別する説、白江と伎伐浦は錦江河口であるとしながらも白村江は別とする説、百済滅亡時（六六〇）の白江は錦江で周留城《ジュリュ》の陥落時（六六三）の白江は東津江だったとする説など、色々な説がある。

その中で韓国学界においての主な見解は、白江と伎伐浦を錦江河口、錦江上流を熊津江、錦江河口を白江としている。しかし、未だに白江に対する論争は続いていて、錦江河口のどの地域なのかまだ明確な結論に達していない状況である。本稿では、まず百済滅亡時と白村江の戦の時の羅唐《らとう》連合軍の進軍路を確認し、次に白江という地名の別称を検討することで、白江の位置と地形について調べることにする。

一　羅唐連合軍の進軍路

新羅と唐の連合軍、すなわち羅唐連合軍は六六〇年百済を侵略し滅亡させた。早速百済復興運動（百済の復興運動については盧重国『百済　復興運動史』一潮閣、二〇〇三年参照）が起き、六六三年に倭軍が救援に来たものの白村江で撃破されてしまった。この六六〇年と六六三年の羅唐連合軍の攻撃ルートを見てみよう。

A—①　十六年春三月、王、宮人と淫荒・耽楽し、酒を飲むこと止まず。佐平成忠《ソンチュン》（或いは云く浄忠）が極諫するに、王怒りて之を獄中に投ず。是に由て敢えて言う者無し。成忠瘦死するに、臨終に上書して曰く、忠臣は死すとも主君を忘れず、ねがわくは一言して死なむ。臣常に時の察変を観るに、必ず兵革の事有らむ。凡そ兵を用いるは、必ず其の地を審らかに択び、上流に処して敵を迎え、以て保全すべし。もし異国の兵来たらば、陸路は沈《シン》峴《ヒョン》を過らしめず、水軍は伎伐浦の岸に入らしめず。其の険隘なるに拠て以て之を禦し、然る後に可なり。王省みず。

（『三国史記』巻二八、百済本紀　義慈王一六年（六五六）条）

A—② 時に佐平興首《フンス》、罪を得て古馬弥知《コマミチ》県に流竄す。人を遣りて之に問いて曰く、事急なり。之を知るに何にすべきや。興首曰く、唐兵既に衆にして師律厳明なり。況や新羅と共謀して掎角せり。もし平原広野で対陣せば、勝敗は未だ知るべからざるなり。白江〈或いは云く伎伐浦〉・炭峴〈或いは云く沈峴〉は我国の要路地なり。一夫単槍せば、万人は当たること莫し。宜しく勇士を簡びて往きて之を守らせ、唐兵をして白江へ入るを得ず、羅人をして未だ炭峴を過ぐるを得ざらしむべし。大王重く閉じて固守し、其の糧が尽き士卒の疲れるを待ちて、然る後に之を奮撃せば、之を必ず破る、と。

（『三国史記』巻二八、百済本紀　義慈王二〇年（六六〇）条）

A—③ 又唐・羅兵、已に白江・炭峴を過ぐるを聞き、将軍堦伯《ケベック》を遣わし死士五千を帥いて黄山《ホアンサン》に出で、羅兵と戦わしむ。四たび合して皆之に勝つ。兵は寡く力屈し、竟に敗れ、堦伯死す。時に兵を合わせて熊津口を禦し、瀕江に兵を屯す。定方左涯に出で、山に乗りて陣す。之と戦い、我軍大敗す。王師は潮に乗り、舳艫銜尾して進み、鼓して譟ぐ。定方は歩・騎兵を将いて、直ちに其の都城に趨り、一舎にして止む。我軍は悉く衆して之を拒ぐもまた敗れ、死者は万余人なり。唐兵は勝に乗じて城に薄す。

（『三国史記』巻二八、百済本紀義慈王二〇年（六六〇）条）

A―④　十六年（六七六）秋七月、彗星北河《ブクハ》・積水《ゾクス》の間に出づ。その長さ六・七許り歩なり。唐兵来りて道臨《ドリム》城を攻めてを之を抜き、県令の居尸知《ゴシチ》は死す。壊宮を作る。冬十一月、沙《サ》飡《チャン》施得《シトク》、船兵を領して、薛仁貴《ソルインギ》と所夫里の伎伐浦に戦い、敗れて績、又進みて大小二十二戦して之に克ち、首四千余級を斬る。

（『三国史記』巻七、新羅本紀 文武王一六年（六七六）条）

A―①は、百済滅亡前（六五六）、百済の忠臣だった成忠が王に諌言した内容である。外国の軍隊が侵入した際、陸路は炭峴を超えられないようにし、水軍は伎伐浦の海岸に侵入できないようにするべきである。つまり、百済の陸路要衝地は炭峴で水路要衝地は伎伐浦だったことが分かる。A―②は、百済滅亡直前（六六〇）、百済の佐平だった興首が王に諌言した内容で、A―①と同様、白江と炭峴が百済の要衝地だったことが確認できる。

A―③は、百済滅亡時（六六〇）、唐軍と新羅軍が白江炭峴を通過すると、陸路として黄山、水路として熊津口を第二次防御拠点に当てたことが解る。結局、第二次防御拠点を突破した唐軍は水路で百済都城への接近を図った。A―④は、羅唐戦争時（六七六）、唐将だった薛仁貴と新羅軍が所夫里州伎伐浦で戦ったという内容で、伎伐浦は所夫里（所夫里は泗沘の同語異表記で現在の扶余である。津田左右吉「百済戦役地理考」参照。）州すなわち扶余と隣接した場所だったことがわかる。上の史料から、六六〇年新羅の陸軍は百済都城を攻撃するため炭峴→黄山→百済都城のルートを選び、唐の水軍は伎伐浦→熊津口→百済都城のルートを選択したことが分かる。唐の水軍が百済都城に進入するためには錦江河口から上流へ遡るのが一番速くて効果的なルートだったに違いない。つまり、唐の軍事戦略上、唐の水軍が最初に上陸した場所は錦江河口が最適だと言えよう。

これと関連し、唐の水軍が最初上陸した場所は錦江北岸の舒川郡《ソチョン》（長項邑）側（沈正輔「長岩鎮城の歴史的背景」『舒川　長岩鎮城』国立扶余博物館、一九九七年）ではなく、錦江南岸の群山市《グンサン》側（金栄官「羅唐連合軍の百済攻撃路と錦江」『百済と錦江』書景文化社、二〇〇七年）だという見解がある。だが、A―③から、唐の水軍が白江を通過した後で蘇定方が左側沿岸（群山側）に上陸できたことがわかる。川路は出入口が一つだけなので先発隊の安全と後方の補給路確保のため、伎伐浦地域は必ず唐の水軍が掌握しなければならない。それで、唐水軍の最初の上陸地は白江（伎伐浦）で、その後の上陸地は群山地域だったと判断する。いわば、唐は錦江河口の両岸（長項、群山）をすべて掌握し、錦江水路から百済都城に進軍したのである。

六六三年白村江戦闘時、唐の水軍は熊津江から白江に移動し陸軍と合流した後、白江口で倭軍と戦った。

B　是に於いて仁師《じんし》・仁願《じんがん》及び羅王金法敏《キムボミン》は陸軍を帥いて進み、劉仁軌《りゅうじんき》及び別将杜爽《とそう》・扶余隆《ブヨユン》は水軍と糧船を帥い、熊津江より白江へ往きて以て陸軍と会い、同じく周留城に趨く。倭人に白江口にて遇い、四戦皆克ち、其の舟四百艘を焚くに、煙炎は天を灼き、海水は丹を為す。王扶余豊《ブヨプン》は身を脱して走り、所在を知らず。或いは云く、高句麗に奔り其の宝剣を獲る。王子扶余忠勝・忠志等は其の衆を帥いて倭人とともに降り、独り遅受信は任存城に拠る。

（『三国史記』巻二八、百済本紀　義慈王二〇年（六六〇）条）

六六三年白村江の戦当時、羅唐連合軍は陸軍と水軍が別に行軍し白江で遭遇した。羅唐連合軍の陸軍は錦江南岸から白江に移動し、水軍は錦江水路から白江に移動したと考えられる。Bの記述から唐の水軍は熊津江から白江に移動し、熊津江口（A—③）とは別に白江口で戦闘を繰り広げたということが分かる。

では、唐の水軍の「熊津江から白江に移動した状況」と「熊津江口」と「白江口」が同時に存在することを糾明しなければならない。現在、熊津江を錦江上流、白江を錦江河口とする説が主ではあるが、熊津江口と白江口が同時に存在することを理解するには至らない部分がある。よって、次章では白江の別称を調べることでこの問題を解決してみたいと思う。

二　白江の別称

下記の史料によると、白江は「伎伐浦」、伎伐浦は「長岩《ジャンアム》」・「孫梁《ソンリャン》」・「只火浦《ジブルポ》」・「白江《ベクガン》」と呼ばれたことが分かる。つまり、白江＝伎伐浦＝長岩＝孫梁＝只火浦の等式が成立する。さらに、白江の位置は長岩、孫梁、只火浦を糾明すれば自然に解決することができるだろう。

C―① もし平原広野で対陣せば、勝敗未だ知るべからざるなり。白江〈或いは云く伎伐浦〉と炭峴〈或いは云く沈峴〉、我が国の要路地なり。一夫単槍せば、万人は当たること莫し。宜しく勇士を簡びて往きて之を守らせ、唐兵をして白江へ入るを得ず、羅人をして未だ炭峴を過ぐるを得ざらしむべし。
（『三国史記』巻二八、百済本紀義慈王二〇年（六六〇）条）

C―② 凡そ兵を用いるは、何よりも其の地を審らかに択び、上流に処して敵を迎え、以て保全すべし。もし異国の兵来たらば、陸路は炭峴（一に云く沈峴、百済の要害の地なり）を過らしめず、水軍は伎伐浦（即ち長岩、又は孫梁、一に只火浦、白江に作る）に入らしめず。其の険隘なるに拠て以て之を禦し、然る後に可なり。
（『三国遺事』巻一、太宗春秋公（六六〇）条）

まず、只火浦は伎伐浦の交替形を示す。韓国では「기름［girim］」（油）を「지름［jirim］」と言ったり、「아기［agi］」（赤ちゃん）の漢字表記を「兒只」とするなど、「ji（只）」は「gi（伎）」の音でも通じる。また、「火」は「불［bul］」又は「벌［bel］」の表音表記としても使われる

ことから、只火浦は伎伐浦と同じ地域に対する表記上の違いだけにすぎないと言えよう（前掲・金栄官「羅唐連合軍の百済攻撃路と錦江」）。結局、只火浦は伎伐浦と同一地名であろう。それで、長岩と孫梁の位置さえ確認すれば、伎伐浦及び白江の位置を明らかにすることができるだろう。

D―① 舒川浦は郡南長岩浦《ジャンアムポ》に在り。水軍満戸守禦す。

（『世宗実録地理志』（一四五四）忠清道舒川郡条）

D―② 長岩津《ジャンアムジン》、郡南二十里に在り。舒川浦前に山の如き大石海に拠りてあり、源は白江に出づ。

（『忠清道邑誌』三四（一八世紀後半～一九世紀前半）舒川郡条）

長岩は朝鮮期でも長岩浦又は長岩津と呼ばれ、舒川浦の沖合に山のような大きい岩があったことから長岩と呼ばれたことが分かる。つまり、現在の長項邑に該当すると言えよう（沈正輔「白江についての研究」『大田開放大学論文集』五、一九八六年）。そこで、只火浦と伎伐浦は同一地名で長岩は錦江河口の長項邑に当たるとした場合、孫梁という地名さえ解決すれば白江の位置が糾明できるようになる。しかし、一番の問題は「孫梁」という地名である。今までの研究では「孫梁」を大して注目せず、ただ錦江の水勢が激しくて速いことから名付けられたとしているだけである（沈正輔「百済復興軍の主要拠点に関する研究」『百済研究』一四、一九八三年）。「梁」は「木橋」、「石橋」を表しているが、本来は「水路」を表す新羅語でもある（建設部国立地理院『地名由来集』、一九八七年）。

現在、慶尚南道《キョンサンナムド》統営《トンヨン》市と巨済《ゴゼ》島の間を「見乃梁《キョンネリヤン》」、巨済島と漆川《チルチョン》島の間を「漆川梁」、慶尚南道河東《ハドン》郡と南海《ナムへ》島の間を「露梁《ノリャン》」、全羅南《ゾンラナム》道海南《ヘナム》郡と珍島《チンド》の間を「鳴梁《ミョンリャン》」、京畿《キョンギ》道金浦《キムポ》市と江華《ガンファ》島の間を「孫梁」と称する。つまり、「梁」は海と島の間の細長い水路、即ち海峡で、水勢が速く海流が複雑な場所を意味する。しかし、錦江河口の場合、島がないため厳密に言うと梁と呼べる場所ではない。では、この問題をどう考えればいいのか。この問題は現在の地形から過去の地名を探ろうとしたことから始まったのではなかろうか。

〈図1〉は、忠清南道舒川郡地域で貝塚が発見された場所を表したものである（文化財管理局『文化遺蹟総攬』、一九七七年）。〈図2〉は、舒川地域の文化財分布図（忠清南道忠南発展研究院『文化遺蹟分布図：舒川郡』、二〇〇〇年）に文化財が分布してない所を黒線で表しものである。黒線で表示した区域は現在耕作整理している沖積平野で、海抜五メートル以下である（建設交通部国土地理情報院『数値地図（一：二五〇〇〇）』、二〇〇六年参照）。過去は沖積平野の低地帯が今よりもっと低かっただろうから、現在の沖積平野の大部分は海水に沈水されていると推定できる（忠清文化財研究院『舒川玉北里遺蹟』現場説明会資料集、二〇〇六年）。言わば、貝塚が発見されていることは昔ここに海水が進入したことを表していると考えられる。また、錦江北岸の長項邑は一九三八年に干拓事業で建設した都市で、市街地の九〇%以上が埋立地である。貝塚発見地域と長項地域、即ち黒線で表示されている地域はすべて沖積土で構成されていて（韓国土壌調査事業機構『韓国概略土壌図

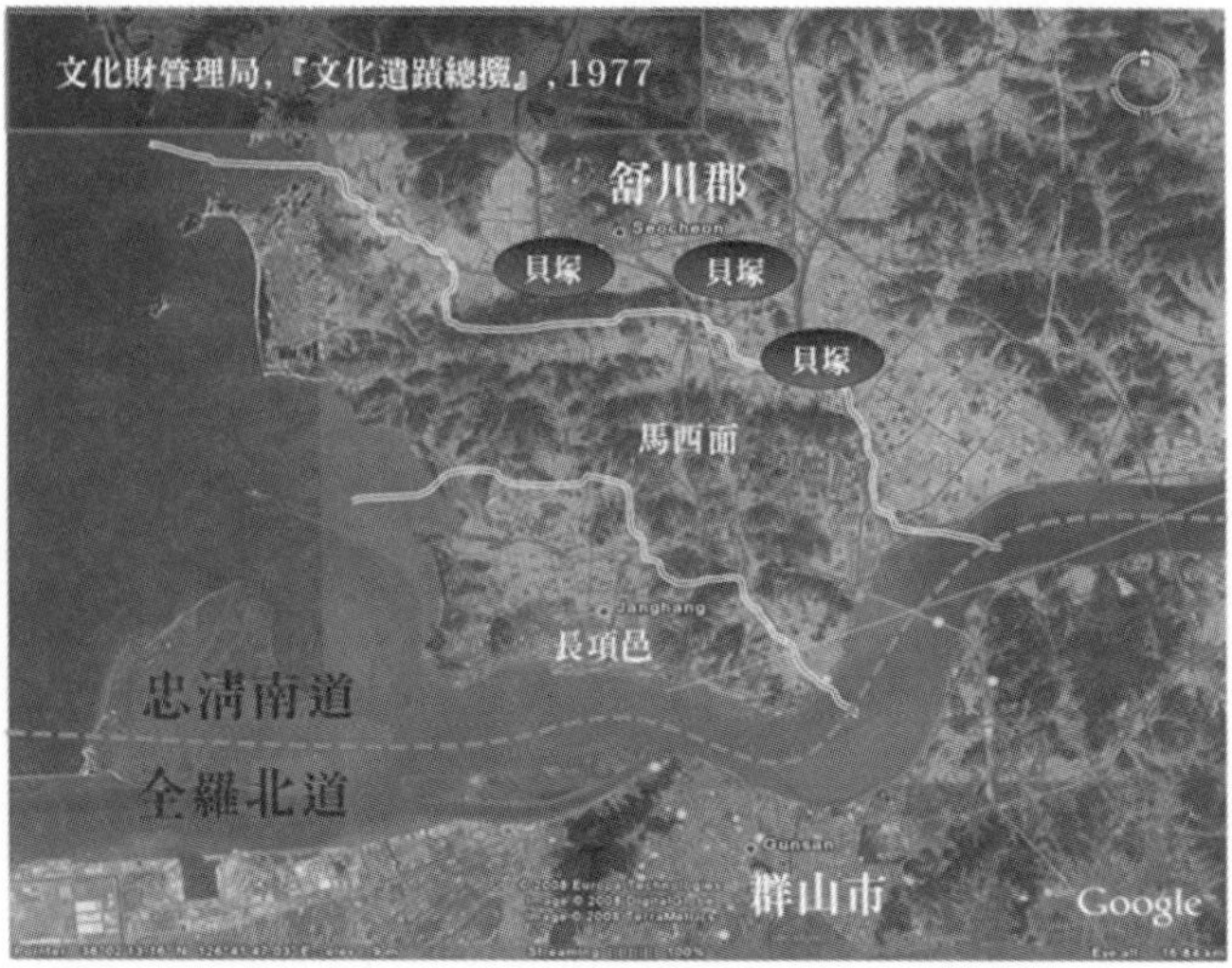

図1　貝塚発見地域

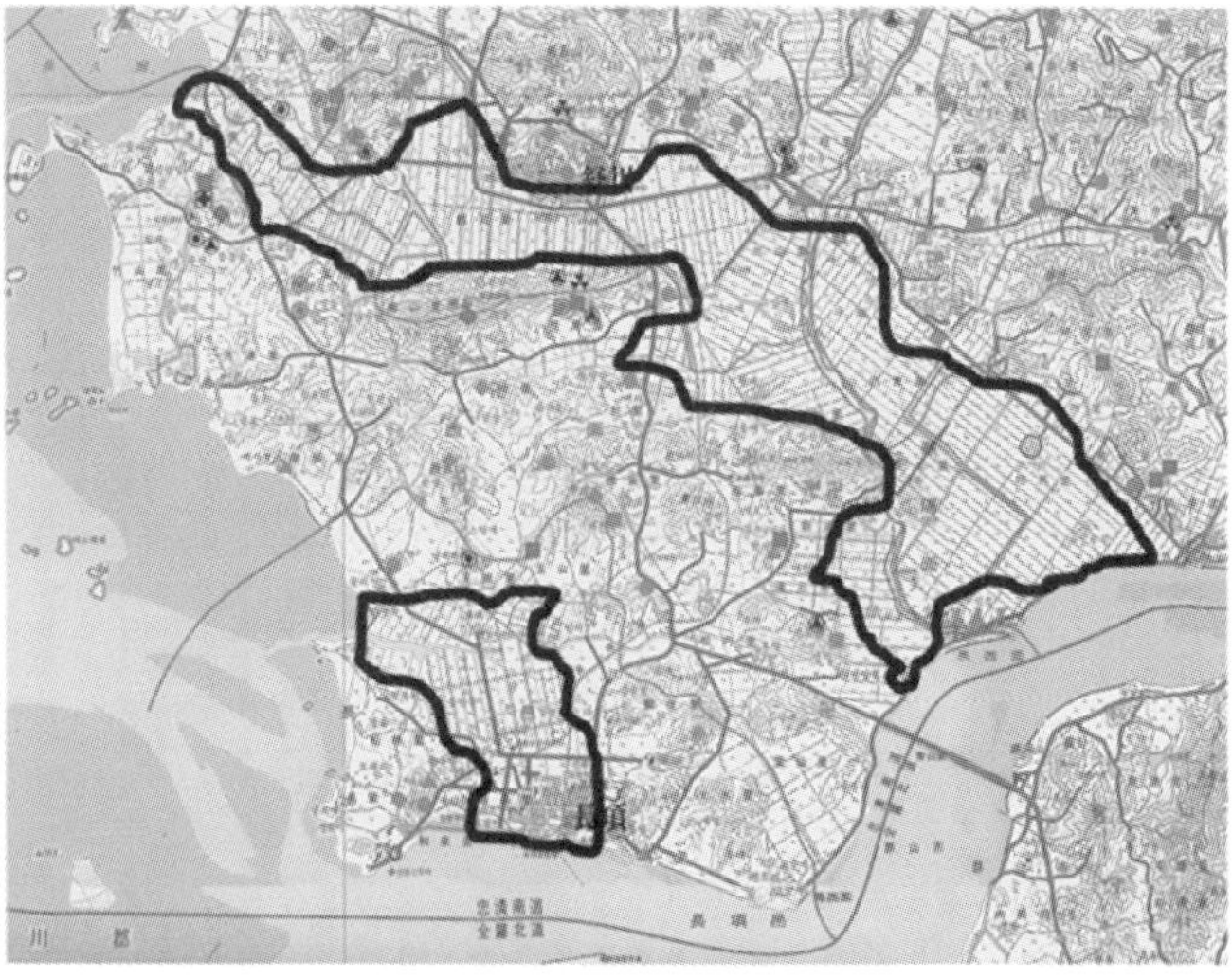

図2　舒川郡文化財未分布区域

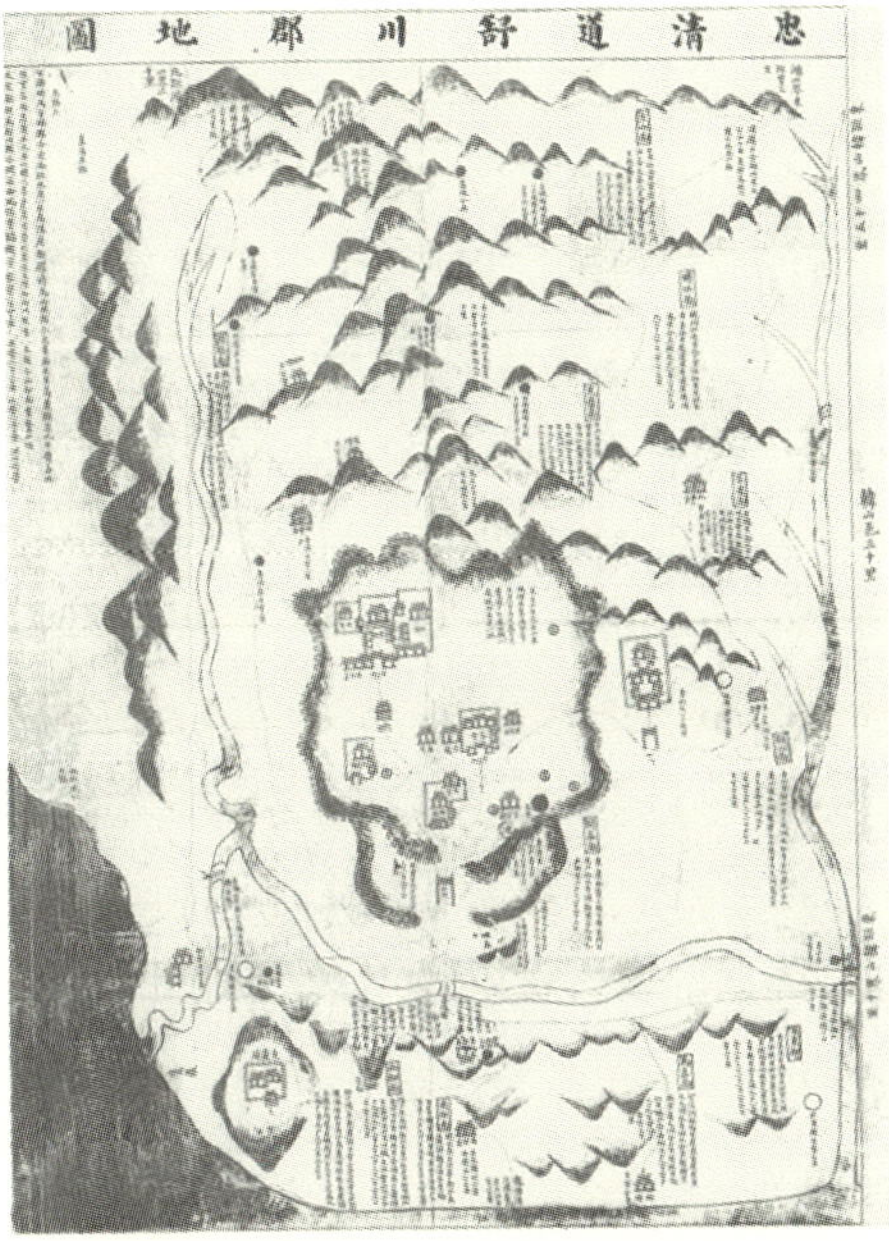

図３　忠清道舒川郡地図（朝鮮後期）

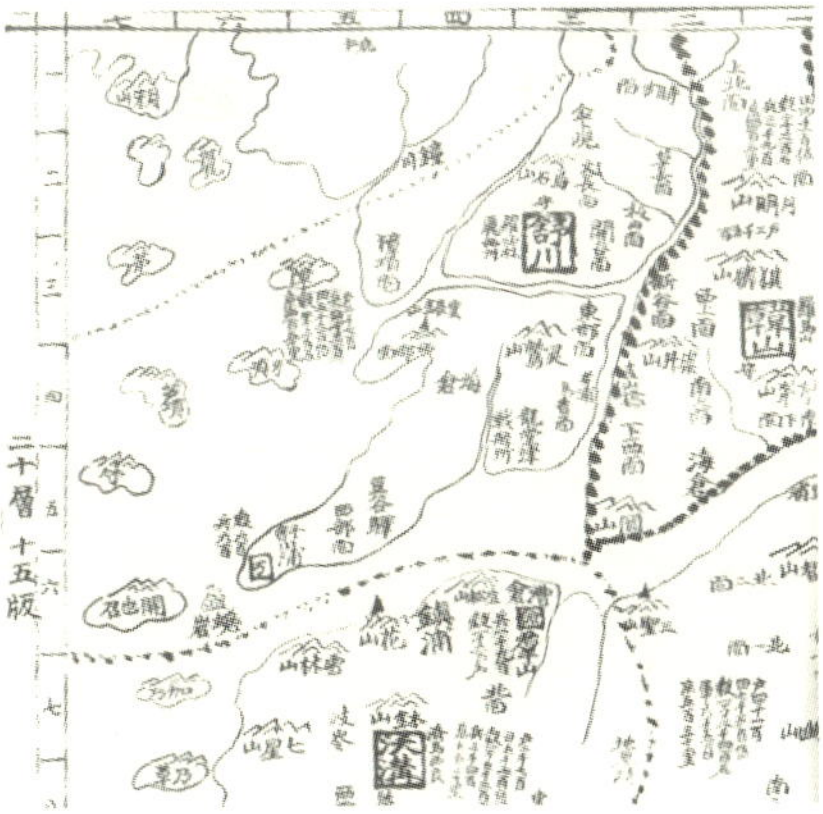

図４　青邱図（金正浩、1834）

（忠清南道）』、一九七一年参照）、文化遺跡が全く発見されていない。このことから〈図2〉の黒線区域は昔沈水したことのある地域の可能性が非常に高いことが分かる。

〈図3〉は、朝鮮後期の舒川郡の図で、中央の舒川邑城と下記の馬西面《マソミョン》地域が川で分離されていて、舒川邑地域と馬西面地域を三つの橋が結んでいるのが見てとれる。〈図4〉は、一八三四年に制作された『青邱図《チョングド》』の一部で、現在の馬西面長項邑地域が島のように孤立しているのが見てとれる。〈図3〉と〈図4〉から、確実に一九世紀まで舒川と馬西面の間は水路で分けられていて、下流の馬西面側は島になっていたことが分かる。

わずか一七〇〇年程前の地形が今の地形と大きい違いを見せている。このことから考えると、一三〇〇年ほど前の地形は現在と比べると相当な違いがあったに違いない。なぜなら、ここは錦江河口に位置しているため、一三〇〇年間ずっと堆積作用が続いていたことを見過ごしてはいけないからである。また、当時の地形に一番大きく影響を与えたのは海水面の変動である。従って、約一三〇〇年前の韓国西海岸の海水面変動を検討し、当時の地形を推定してみるのも一つの良い方法になるかも知れない。

三　西海の海水面変動

韓国の海水面変動については大きく二つの意見がある。一つ目は、韓国西海岸の海水面は大きい変動がなく持続的に上昇して現在に至り、今より高かったことは決してないという意見である。二つ目は、韓国西海岸の海水面は変動を繰り返し、五〇〇〇年B.P.（B.P.は一九五〇年を基準としその前の時期を言う。）前後に現在より高かったことがあるという意見である。このような韓国の論議を進める前に、まず、韓国と気候環境が類似していて東シナ海を共有する中国と日本の見解を調べてみる必要がある。

中国の海水面変動については、韓国に比べて早くからその研究が進んでいる（Yang Huairen & Wang Jian, "Quarternary transgression in China and the Mechanism of the 100-Ka Ice Age Cycle" Quarternary Coastline Changes in China, 1991）。韓国とほぼ同じ緯度に位置する中国の山東半島の場合、六〇〇〇年B.P.には現在の平均海水面より四～五メートル高く、六〇〇〇年B.P.から現在まで、プラス五～二メートル範囲で上昇と下降を繰り返している。中国東海岸の海水面変動は、六五〇〇から五〇〇〇年B.P.にはプラス二～四メートルの間、三五〇〇から三〇〇〇年B.P.にはプラス一メートルに上昇したものの、現在の水位まで段々下降してきた。

一方、日本の場合は学者によって若干の違いが見られるものの、六〇〇〇年B.P.には海水面が今より二～三メートル高く、この時期の海水面が最高だったというのはほぼ一致する（Yoko Ota and Hiroshi Machida, "Quaternary sea-level changes in japan" SEA-LEVEL CHANGES, 1987）。海水面変動に地域差はあるだろうが、韓国の西海岸だけが独自に変動したとは考えがたい。中国と日本の場合、現在の海水面より高かった時期があったことを認めていて、その高さは大体二〜三メートルである。このことから韓国の海水面変動も後者の意見を取るべきではなかろうか。

韓国西海岸の場合、六〇〇〇年B. P.頃の海水面は現在と同じかプラス一メートルだった（黄相一・尹順玉・曺華龍「Holocene中期における道垈川流域の堆積環境変化」『大韓地理学会誌』三二―四、一九九七年）。そしてMillimanとPirazzoliも黄海（中国の東海、韓国の西海）は数回の海水面変動を経験し、現在より海水面が高かった時期があった（J. D. Milliman外二人、Sediment and sedimentary processes in the Yellow and China Seas. In: Sedimenentary Terra facies in the active plate margin, Terra Science Publishing Company (Tokyo), 1989; P. A. Pirazzoli, World Atlas of Holocene Sea-Level Changes, Elsevier (New York), 1991）としている。それで、韓国の西海は海水面変動が頻繁に起り、現在より海水面が高かった時期が確実に存在したと判断できる。

特に、後者の見解については申東赫《シンドンヒョク》の研究が注目されている（申東赫『韓国西海岸加露林湾の潮間帯の堆積環境とHoloce海水面の変動』仁荷大学校 地理学博士学位論文、一九九八年）。加露林《カロリム》湾は錦江河口から北へ一〇〇キロメートル以内に位置していて、氏の韓国西海岸の加露林湾研究は、当時の状況を理解するのに非常に重要なカギになるであろう。申東赫は今まで韓国西海岸の後氷期の海水面変化に関する研究は試料不足で精密な海水面変化を提示することができなかったと指摘し、加露林湾の潮間帯における四一個の試料を分析して図5のような結果を出した。

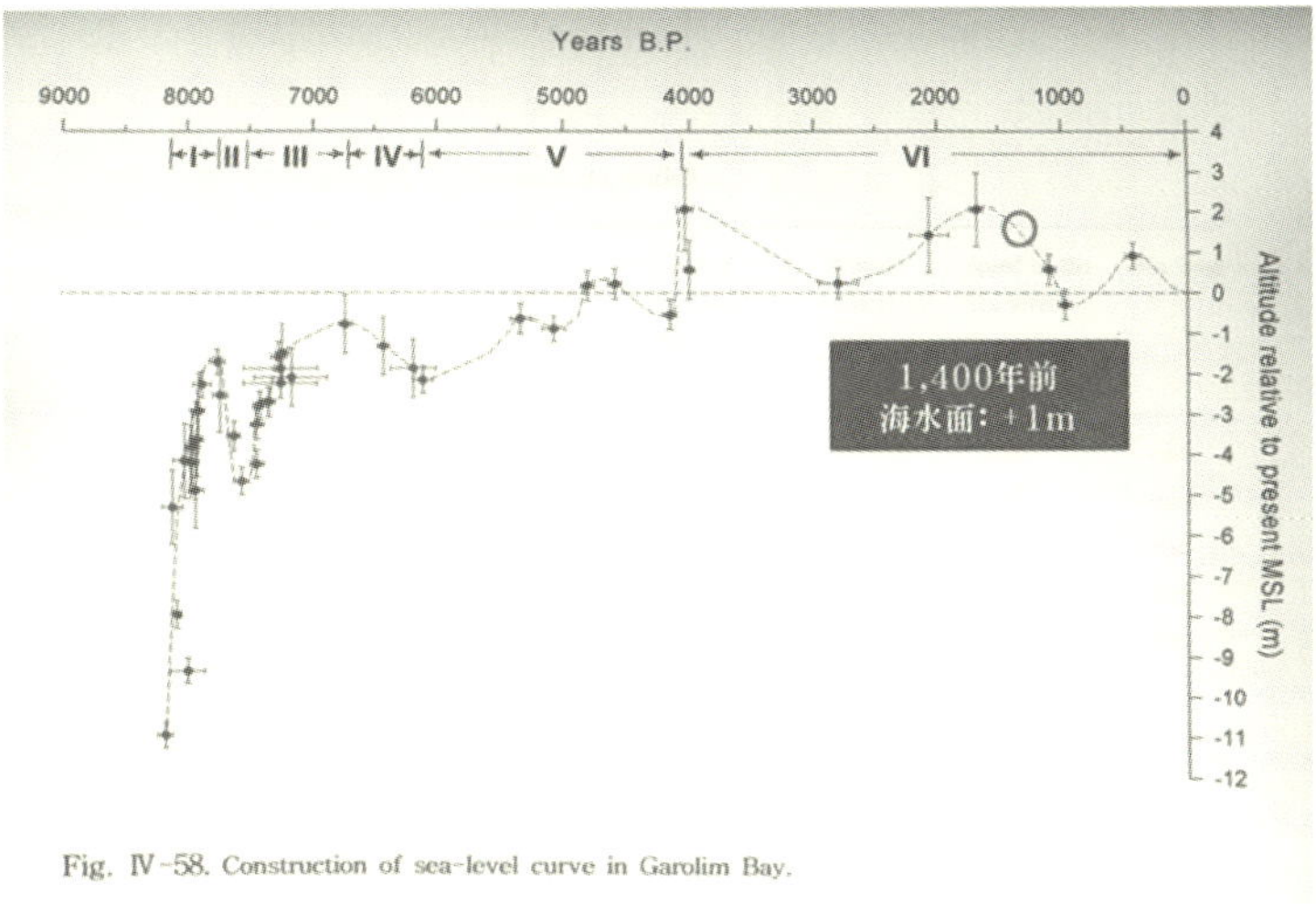

図５　韓国西海岸の加露林湾の海水面変動

中東赫氏の研究結果によると、約四〇〇〇年B.P.前後から海水面は現在より二メートルほど上昇したが下降、一七〇〇年B.P.頃は再び二メートルまで上昇したことが分かる。その後、一三〇〇年B.P.になると海水面は一メートル程低くなる。つまり、七世紀頃（一三〇〇B.P.）の韓国西海岸の海水面は現在より一メートルほど高かったことがわかる。七世紀の海水面が現在より一メートルほど高かったことを考えれば、韓国西海岸の地形にも相当な変化があったと判断できる。

四　孫梁と白村江

忠清南道舒川郡一帯は地形傾斜度が〇〜一度で平地に近く（　　　、曺華龍、「DEMを利用した韓半島地形の傾斜度分析」『韓国地理情報学会誌』

三―一、二〇〇〇年）、海水面が一メートル上昇すると海岸線は数キロメートル内陸に後退する。舒川郡地域の沖積平野の海抜高度は五メートル以下（建設交通部国土地理情報院『数値地図（一：二五〇〇〇）』二〇〇六年参照）で、その大部分が干拓事業で造成された。この高さは錦江河口の大潮時、満潮の三・五メートルよりわずが一・五メートル高いだけである。

しかし、前節で言及したように、七世紀頃の西海岸の海水面は一メートルほど上昇した状態だったため、舒川郡一帯の沖積平野は大部分が海水に浸水したと考えられる。つまり、干潟地だったと言えよう。干潟地は満潮の時浸水するが、干潮の時は大気中に露出する特徴があって、微細物質が堆積し段々高くなる（権赫在「黄海岸の干潟地発達とその堆積物の起源―錦江・東津江河口間の干潟地を中心に―」『地理学』一〇、一九七四年）。この地域は頻繁な浸水と錦江の堆積物などによって、堆積作用が非常に進行（南宮熢「万頃江流域の開墾過程と聚落形成発達に関する研究」『韓国地域地理学会誌』三―二、一九九七年）した可能性が高い。要するに、舒川郡一帯の沖積平野は約一三〇〇年間の堆積作用と海水面の下降によって形成されたと判断できる。

〈図6〉は現在の舒川郡の地形図で、〈図7〉は七世紀の西海が満潮になった時、海抜四メートル以下の地域を表したものである。〈図7〉を見ると、現在の沖積平野の大部分が海水に浸水する干潟地だったようだ。七世紀は、現在より海水面が高くて浸水する面積もずっと広く、堆積作用も現在ほど進んでいない状態だったようだ。よって、先ほど言及した〈図3〉〈図4〉

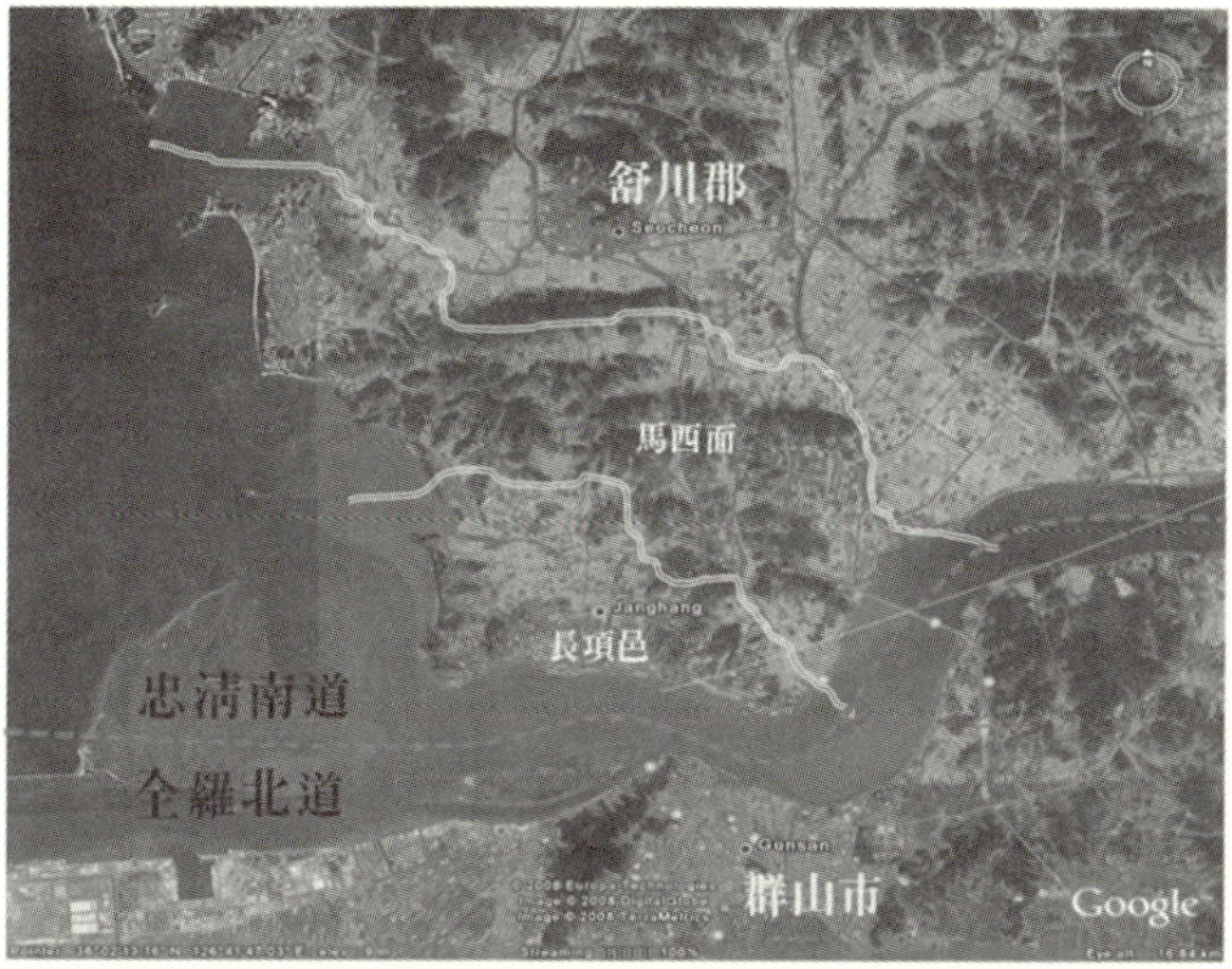

図6　現在　舒川郡地形図

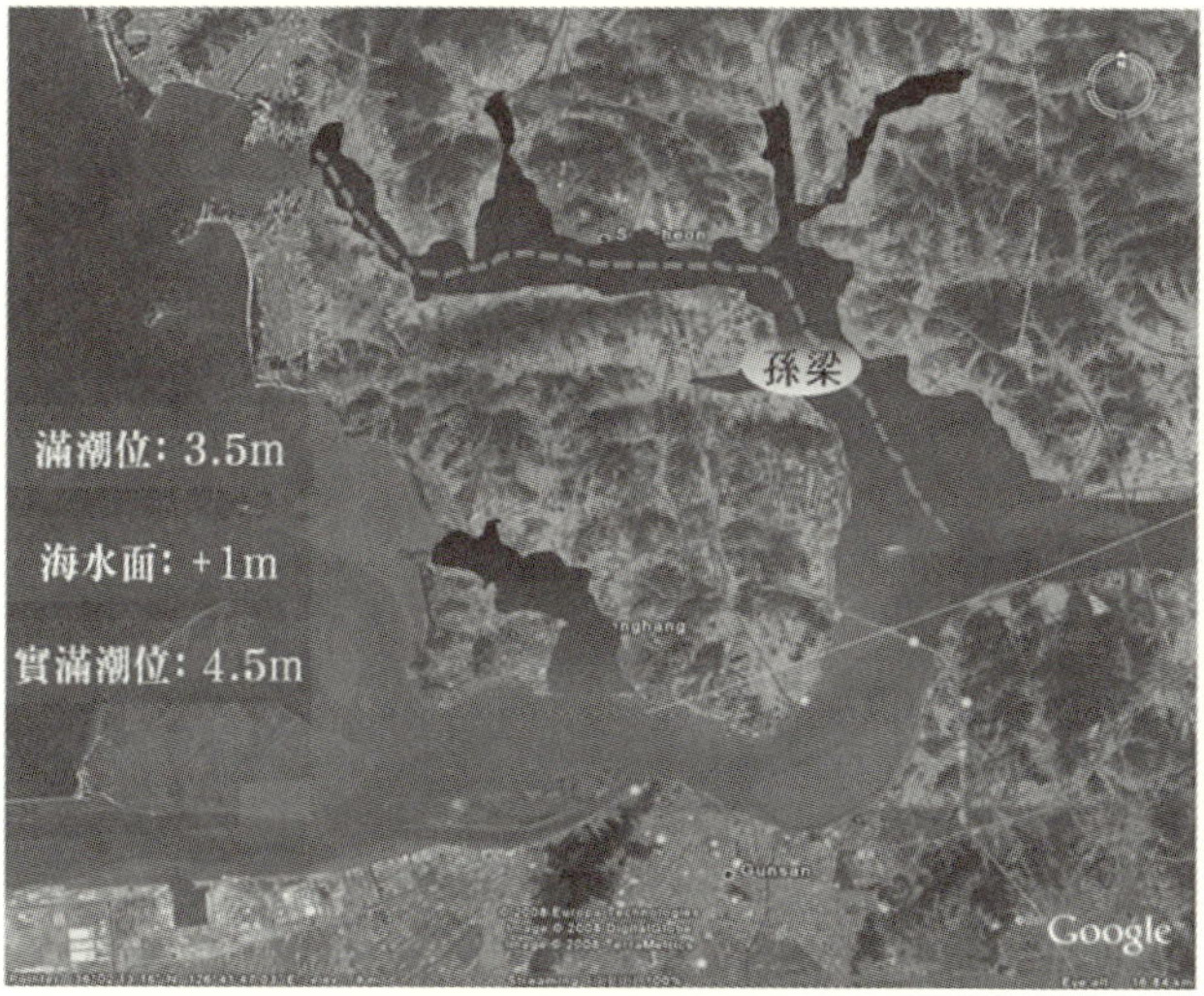

図7　７世紀 舒川郡地形図（推定）

を参照すると、上側の舒川邑と下側の馬西面を横断する水路は非常に拡張していたであろう。この水路によって馬西面長項地域は陸地と分離され、島として存在したと考えられる。つまり、「孫梁」という地名が成立する。そして、このような地形条件であれば、馬西面長項一帯は錦江の河水と西海の潮水が混合し、とても複雑な潮流を形成していたと判断できる。

となると、これは、白村江の戦闘時、倭軍が気象を調べていないことで敗北した理由を示す一つの糸口になるかもしれない。結局、羅唐連合軍は白江地域の複雑な海流と急変する気象状況を熟知した上で倭軍と戦ったのに対し、倭軍は地形状態や気象状況を十分に把握しなかったことで敗北に至ったのではなかろうか。

次に、白村江の地名について見てみよう。

E　大王報書して云く（中略）龍朔《りゅうさく》三年（六六三）に至りて、摠管孫仁師《そんじんし》兵を領して、来りて府城を攻む。新羅の兵馬、また発して同征し、行きて周留城下に至る。此時、倭国の船兵、来りて百済を助く。倭船千艘、停りて白沙《ベクサ》に在り、百済の精騎は岸の上にて船を守る。新羅の驍騎《ぎょうき》は漢の前鋒と為りて、先ず破岸陣を破る。周留失膽して遂に即ち降下す。

（『三国史記』巻七、新羅本紀文武王一一年（六七一）条）

Eは六六三年白村江戦闘時、倭の船一〇〇〇隻が「白沙」に停船していたという内容である。

では、ここに出てくる「白沙」という場所はどこに当たるのか確認してみよう。

図 8　白村 推定地 表示図

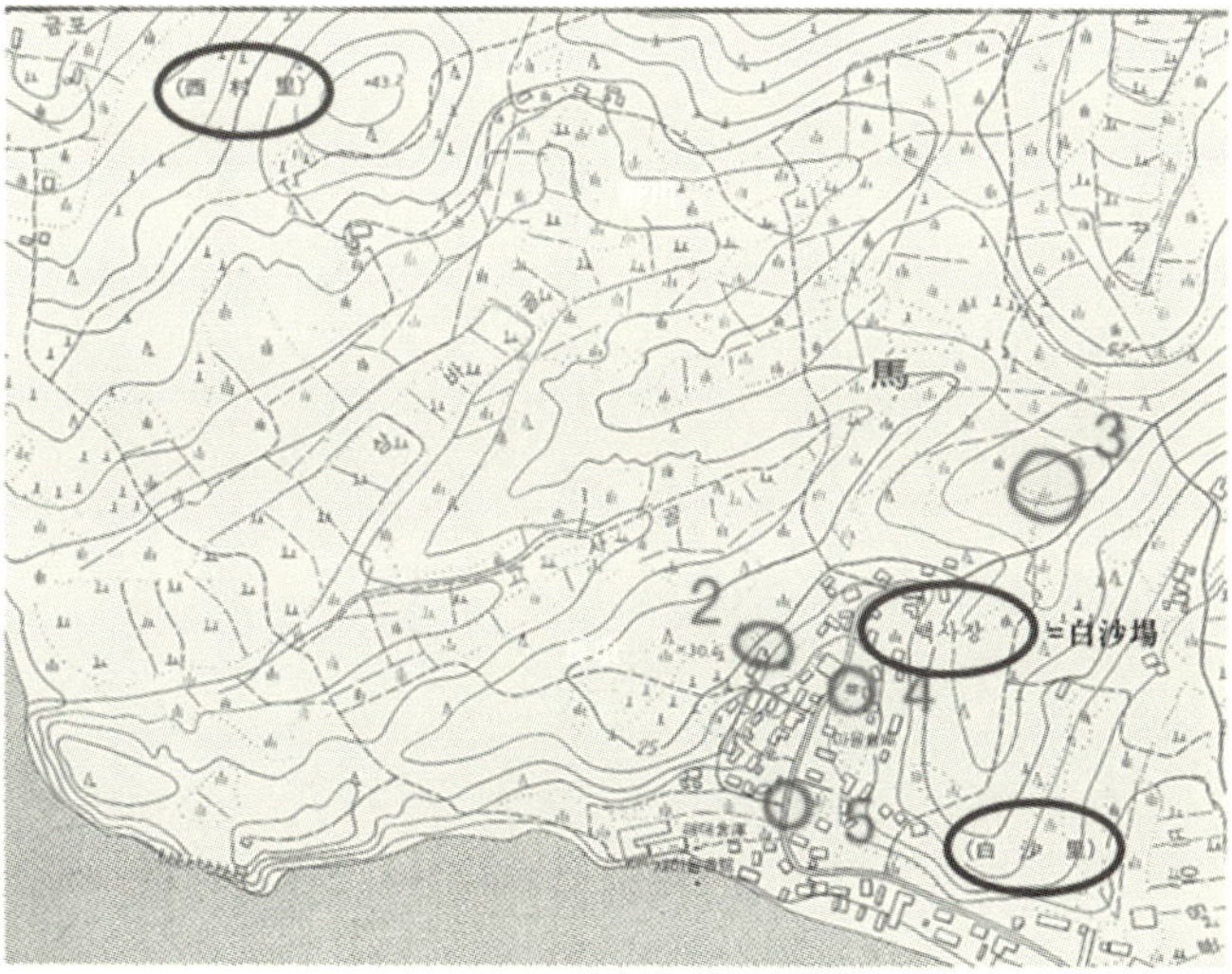

図 9　舒川郡 馬西面 南田里

Ｆ―①　白沙亭、郡西南十三里に在り　（『新増東国輿地勝覧』（一五三〇）一七、舒川郡楼亭条）

Ｆ―②　白沙亭、西南十三里海辺に在り　（『大東地志』（一八六四）舒川山川条）

Ｆを参照すると、白沙亭は現在の舒川郡南側一三里に位置している（前掲・沈正輔「白江に対する研究現況と問題点」）。つまり、白沙という地名は舒川郡馬西面南田里に位置することが分かる。しかし、馬西面南田里一帯は白沙里、白沙場だけでなく東村里《ドンチョン》、西村里《ソチョン》という地名が今も残っていることに注目する必要がある。このような地名は白村江という名から由来したのではないかと推測する。

上で見てきた白江の別称をまとめると、只火浦（伎伐浦）、長岩、孫梁、白村等全てが一定の区域を示す言葉で、この一定の区域は現在錦江河口の舒川郡馬西面長項邑一帯を表す様々な呼び名だったと考えられる。つまり、白江という地名は「川」という意味だけではなく、浦口（伎伐浦）、大岩（長岩）、海峡（孫梁）などを含む錦江河口の一定区域を意味する名称でもあった。このことは、「熊津江より白江に往く」という状況や、「白江口」と「熊津口」が同時に存在するということなどを説明できる一つの可能性になるのではなかろうか。

結語

百済の地名で一番多く言及されるのが「白江」だが、未だに白江の具体的な位置について明

図10　白江　推定図

図11　白江口　推定図

らかになっていない。これは白江が伎伐浦、長岩、孫梁、只火浦等呼び名がいろいろあって、史書に記載された白江（口）と熊津江（口）との関係設定問題等によって混乱を招いたからである。

白江の地名の推定について、現在の地形から約一三〇〇年前の地名を見つけようとしたため、このような問題が生じたのではなかろうか。白江の位置を検討するには周留城と炭峴の問題も共に検討すべきだが、考古学的資料がない状況なので非常に難しいところである。本稿は様々な地名で呼ばれる白江について、新しい見解を一つ提示できたのではないかと思う。

白村江の戦の時は、現在より海水面が一メートル程高く、約一三〇〇年間にわたる錦江河口の堆積作用が起る前だったことを勘案すべきである。筆者の所見として、白江、伎伐浦、長岩、孫梁、只火浦、白沙、白村等は全て錦江河口の舒川郡馬西面長項邑一帯を指す地名であったと考える。また、当時の馬西面一帯は陸地から隔離された島として存在していたと推定し、その「島」であった馬西面長項邑一帯を白江或いは白村江と呼んでいたのではなかろうか。

白村江の戦をめぐって

倉本　一宏

はじめに

白村江《はくそんこう》《はくすきのえ》の戦をめぐって、『戦争の日本史　壬申《じんしん》の乱』（吉川弘文館、二〇〇七年）という本を書いてから現在までに考えついたことを、三つほどに要約して述べることにしたい。

戦争というと、アジア太平洋戦争から始まり、朝鮮戦争・中東戦争・ベトナム戦争から湾岸戦争・イラク戦争まで、現代の戦争を見聞し、我々はすでに一定のイメージができあがってしまっていて、戦争というのはこういうものだろうと想像しがちである。

しかし、当然のことながら、古代の戦争というのは、我々が漠然とイメージする戦争とは、まったく違っている。

特に七世紀の倭国《わこく》というと、国家体制が確立している隋唐帝国とは異なり、いまだ国家が成立する以前であった（いつから国家と言うのかは難しい議論になるが、大宝律令の完成が一つの画期となったであろうことは、言うまでもない）。また、朝鮮半島諸国は、かなり文明化した国であった。つまり、七世紀東アジアの動乱は、文明や支配体制の発達度のまったく異なる国々が、同じ戦場で戦ったということになるのである。

したがって、現在の我々の勝手な想像で、古代の戦争を推測してはならないということになる。

なお、倭国という国は、その地理的な条件によって、対外戦争の経験が非常に少ない。四世紀末に高句麗《こうくり》と戦った経験、六世紀から七世紀初頭にかけて新羅《しらぎ》に出兵した経験、そしてこの七世紀後半の白村江の戦くらいのものである。

その後は、新羅進攻計画は何度かあったが、実際に戦った経験となると、一一世紀の前半に刀伊《とい》がやってきて、それを九州で撃退した事例と、一三世紀にモンゴルがやってきてそれを撃退したという例くらいしかない。その次となると、海賊は除くと、秀吉《ひでよし》が半島に侵攻した戦争くらいまでないのである（さらにその次となると、近代の対アジア侵略までないことになる）。

つまりこの国は、対外戦争の経験がきわめて乏しいという、世界でもかなり特異な国であるということが言えよう。したがって、戦争も外交も習練の場に乏しいのであり、それらに上達する機会が少なかった。このように、戦争も外交も下手な我が国の、なおかつ国家が成立する以前の戦争を、どのように考えたらいいのだろうかというのが、ここでの主題になる。

白村江の戦については、一般的には、中大兄《なかのおおえ》王子を中心とする当時の倭国の支配者が、大唐帝国と新羅の連合軍に対して無謀な戦争をしかけたという理解がなされている。その際、倭国の外交戦略の未熟さ（森公章『「白村江」以後　国家危機と東アジア外交』講談社、一九九八年）や、新羅の外交戦略の巧みさ（中村修也「白村江の戦いの意義」『東アジアの古代文化』一三三、二〇〇七年）を説くという視点が多かった。

しかしながら、歴史というものは、すでに起こってしまった結果から遡って考えてはならず（「歴史の後智慧」）、その時点時点における知識と歴史条件の範囲の中において考えなければならない。

以下、三つほど視点を考えてみた。

第一に、戦争の開始と終結という問題である。現代では自明のことなのであるが、古代の戦争というのは、いつ始まるのか、そしていつ終わるのか、ということを考えてみたいと思う。

二番目に、情報の問題である。現代では情報が、それぞれの国にとって都合のいい情報だけが流されるわけではあるが、それでも一応、情報は国民に流されている。しかし、古代というのは、戦争の情報が国内に伝わらなかったのではないだろうか。特に、国外で行なう戦争を倭国の国内でどれだけ伝えていたのかは非常に疑問である、という視点である。

三番目に、戦争の目的の問題を考えたい。戦争というのは、外交の一分野、外交の一つのやりかたであり、外交というのは、政治の中の一つのジャンルである。ということを考えると、戦争というのは極めて先鋭な政治的営為であると言える。白村江の戦の対外的な目的と、対国内的な目的は、それぞれどういうものだったのであろうかという問題を考えてみたい。

一 戦争の開始と終結について

現代においては、戦争の開始というのは、宣戦布告を行なうと戦争の状態に入ったということになる。我が国の場合、明治以来、宣戦布告を行なう前にまず戦闘行為に入るという伝統があったけれども（なお、国際法で宣戦布告が義務付けられたのは、日露戦争の後であったとされる）、それでも戦闘の始まりとほとんど間を置かずに宣戦布告を行なっている。つまり、どの時点から戦争状態に入ったのかという、戦争の始まりが明確である。

さらに、戦争の終結も、現代においては、講和条約を結んだり、平和条約を結んだりとかいうことで、戦争は終わったのだということが誰でもわかるのである。

しかし、古代においては、戦争の開始と終結は、どのようにして交戦国に伝達され、また国民に知らされたのであろうか。中国においては、もちろん、開戦と終戦に関する儀礼も整備されていたことと思われる。ちなみに、唐と新羅との間の戦争は、六七六年の安東都護府《あんとうとごふ》の遼《りょう》東《とう》遷移によって、実質上終結したのであるが、両国の確執が最終的に解消されたのは、はるか後、七三五年に新羅が唐に遣使賀正を行なって、玄宗《げんそう》から浿水《はいすい》（大同江）以南の地を賜わり、朝鮮半島の領有を承認された時点である（『冊府元亀』巻第九七五・外臣部二〇・褒異二、『三国史記』新羅本紀・聖徳王三五年夏六月条）。しかし、国家成立以前の倭国においては、どのような情況だったのであろうか。

国家成立以前の国においては、おそらくは、いつの間にかどこかで戦闘が始まり、戦争状態に入るという感じではなかったであろうか。交戦国に対して、我が国はこれから戦闘状態に入るということをちゃんと布告していたのであろうか、あるいは国民にそれを知らせていたのであろうか、と考えると、きわめて心もとない。

もっと問題なのは、戦争の終結についてである。刀伊が来襲したり、モンゴルが来襲したりした場合、それらを撃退すれば、とりあえずは戦争は終わったと言えなくはない。ただし、モンゴルの場合でいうと、モンゴルが二回しか来襲しなかったというのは結果論に過ぎないのであって、モンゴル側としては三回目の来襲を予定していたのであるし、鎌倉武士にとっても、いつ終わるか分からない戦争状態がずっと続いていたわけである（詳しくは新井孝重『戦争の日本史　蒙古襲来』吉川弘文館、二〇〇七年をご覧いただきたい）。

他国から来襲した軍隊を撃退した場合についてては、まだわかるのであるが、そうではなく、我が国から外国に進攻した戦争がいつ終わるのかは、さらにわかりにくい。

特に、唐・新羅と戦ったこの戦争がいつ終わったのかと考えると、普通、ほとんどの歴史書には、白村江の敗戦で戦争が終わった、その後は天智《てんじ》天皇の戦後処理が行なわれたというように書かれているものと思うが、決してあの時期は、戦後などと言える時期ではなかったのである。

あのままの情勢が続いたら、唐は無礼な蛮国を攻めるために、倭国に出兵してくる可能性が高かったのであるし、実際、そういう準備を行なっていたという史料も存在する。要するに、天智朝から天武朝初期にかけての時期は、決して戦後などではなくて、戦中、しかもいつ終わるかもわからない戦中であって、極度に緊張が高まっていたものと考えるべきであろう。これが一つ目の問題である。

二　戦争情報について

次に情報に関する問題である。現代では、湾岸戦争において、飛んでいくミサイルにカメラを付けて撮影し、ピンポイント爆撃と称してリアルタイムで世界中に発信されていたのが、記憶に新しい。あれによって、我々は、戦争というのはこうやって行われているんだという現実を、初めて現場に立ったようにして実感することになったのである。

それ以前、ベトナム戦争の時には、アメリカの発表する一方的な報道を見ただけに過ぎなかった。現実のベトナムで、どのような戦闘が行なわれていたのかを知ったのは、かなり後になってからであった。太平洋戦争の時は、大本営《だいほんえい》が発表したものを、新聞はそのまま載せたりしていたわけである。

ただし、このような報道管制があったにせよ、一応、こんなことが起こったということは、サイパンが玉砕したとか、新型爆弾が落ちたとか、そういうことは、新聞には載ったわけである。国民は、戦況がどういうことになっていたのかを、薄々ながら知っていたわけなのであろうが、古代の戦争においては、どのような情況だったのであろうか。

中大兄たちが出兵に踏み切った時点では、鬼室福信《きしつふくしん》たちによる百済復興闘争が、ある程度成功しそうな状況だったのであるし、倭国に来た使者は、さらに自らに有利な情報を中大兄たちに伝えたに違いない。それらの情報を承けての出兵であったとすれば、彼らの出兵は、必ずしも無謀とばかりは言い切れないのである。倭国の外交戦略の未熟さばかりを言い立てるのは、彼らにとって酷というものであろう。

また、果たして中大兄は、白村江の戦いの結果について、どれくらい国内で知らせていたのであろうか。これは非常に疑問であるという感がある。それも後に考えてみることにしたいと思う。

戦闘の情況に関する情報が世界中にリアルタイムで伝わり、条約の締結を以て戦争の終結と見做す現代とは違い、当時の戦争は、王都が陥落して国王が交戦国に拉致されでもしない限り、敗戦を認める必要もなかった。

特に海外を戦場とする戦争においては、たとえ自国の敗北が続いていたとしても、「こちらは大きな損害を受けたが、相手にはもっと大きな損害を与えた」と主張することもできたのである。

三　戦争の目的について

三つ目に、以上の点を踏まえたうえで、戦争の目的の問題について考えてみたい。

白村江の戦の対外的な目的に関しては、石母田正《いしもだしょう》以来、言われていることであるが（石母田正『石母田正著作集3　日本の古代国家』岩波書店、一九八九年。初版一九七一年）、東夷の小帝国、つまり中華帝国から独立し、朝鮮諸国を下位に置く小帝国を作りたいという願望が、古くから倭国の支配者には存在し、中大兄もそれにのっとったのだと言われている。この視点には、様々な批判も起こっているが、建前論としては、大筋では認めるべきであろうと考えている。

それでは、対内的な目的、国内的な目的（すなわち、実質的な目的）というのは、いかなるものだったのであろうか。中大兄は白村江に出兵することで、何を目論んでいたのであろうか。百済に協力して唐・新羅連合軍に勝利し、百済を復興させて、倭国の支配下に置くというのが目的であったと、一般的には思われているが、はたしてそれだけだったのであろうか。

その点については、復興百済国王に擬した余豊璋《よほうしょう》に倭国人の妻を娶らせており、その女性が産んだ王子を百済国の跡継ぎにするのだろうとか、あるいは余豊璋に倭国の冠位を授けているのも、それによって百済国王を臣下にしたのだろうと考えることもできる。

もちろん、百済救援軍が全面的に勝利し、百済の復興が実現するという、考え得る最高の筋書きで行けば、そのようなことも起こり得たであろう。しかし、いかに楽天的な情報に基づいて、勝利の可能性も視野に入れての出兵だったとはいえ、大唐帝国を対手として戦争を起こし、全面的な勝利を手に入れることができるという脳天気な結果は、さすがの中大兄や倭国の指導者たちも、予想していなかったのではないだろうか（あれほどの大敗北になろうとも予想していなかったと思われるが）。

四　中大兄王子の思惑の可能性

それでは、全面勝利でもなく、全面敗北でもない結果を想定していたとして、倭国が全国力を挙げて出兵に踏み切った目的というのを、以上の三つの視点を考慮に入れたうえで、様々な可能性を提示してみることによって考えてみたいと思う（豪族層もあれだけの数が参加したのであるから、何らかの思惑を以て中大兄に協力したはずである）。

先にも触れたが、白村江の戦について、一般的には、あの戦いは無謀だった、大唐帝国に対して無謀な戦争をしかけた、だから当然負けたのだ、あんな無謀な戦争に踏み切ったのは、倭国の外交が未熟だったからだ、という議論が続いている。

ちなみに、中村修也氏は、新羅が倭国をけしかけて戦争に参加させた、という新たな論を立てておられるが、いずれにしても倭国が愚かなことをしたのだ、というふうに考える視点がほとんどであったと思われる。

戦争は外交の一分野で、外交は政治の一ジャンルであるという視点を持たず（ましてや文化の一類型であるとは）、戦争と聞いただけで思考停止状態に陥り、戦争＝悪と短絡的に考える立場からは、古代のこの戦争も愚かで悪いことをしたのだ、という図式は、心情的に理解しやすいものだったのであろう（しかも、交戦国が中国と朝鮮であれば、なおさらである）。

しかしながら、白村江への出兵は、本当に無謀な蛮行だったのであろうか、ということを考えてみたい。まったく勝算もなく、あれだけの兵を集めて海外に派兵するものであろうか、という視点で考えてみると、第一の可能性として、中大兄が派兵に踏み切った段階というのは、百済の遺臣鬼室福信たちが唐の進駐軍に対して反乱を起こし、各地で勝利を収めていた時期であった。その時点で倭国に使者を遣して、援軍の派兵を要請してきたというわけである。

その際、使者は絶対に客観的な事実を言うわけはない。自分たちはすでに大勝利を収めているというようなこと、あたかももう少しで唐軍を半島から駆逐することができるとでもいうようなことを言ったことは、おそらく間違いあるまい。したがって、中大兄は、そのような誇張された情報に乗ってしまったことになろう。実際に、福信たちは緒戦においては勝利が続いていたわけであるし、使者の情報が誇張を含んだものであると判断したとしても、あながち虚偽の情報でもあるまいと判断し、倭国からの援軍が合流すれば、本当に最終的な勝利を得ることができると考えたとしても、不思議ではない。現在から見れば無謀な戦争だったけれども、当時の情勢としては、本気で勝つ目算もあったという可能性、また実際に勝つ可能性もあった、ということを考えるべきであろうと思う（対外戦争の経験が少ない倭国においては、実際の実力差に気付きにくかったはずである）。

これが一つ目の可能性である。

次の可能性。もしかしたら負けるかもしれない、だけれども朝鮮半島に出兵して、戦争に参加するのだ、と中大兄が考えていた可能性を考えてみたい。

当時の兵力や兵器、それに指揮系統の整備レベルから考えて（取りも直さず、国家成立過程の途上段階ということになる）、もしかしたら唐には負けるかもしれない、ということは、明敏な中大兄のこと、心のどこかに予想していた可能性は高かろう。

しかしそれでもなお、負けた場合に、もちろん唐が倭国に進攻してきたら困るけれども、攻めてこないくらいの負け方だったら、国内はこれによって統一されるであろうということを、中大兄ほどになったら考えたのではあるまいか。

よく明治以降の政治家が使った手段なのであるが、国内政治が紛糾している時に戦争を起こすと、帝国議会もすぐ全会一致で「聖戦遂行決議《せいせんすいこうけつぎ》」を採決してきた。近代国家の成立期と古代国家の成立期とは、似ている部分があり、中大兄にしても、中央集権国家を作りたい、だけど支配者層はバラバラである、地方豪族は言うことを聞かない、というような時に、ここで対外戦争を起こしてみたら、国内が統一するだろう、という思いを持っていたのではないか、と思った次第である。

その際、先ほど述べた情報の話に関わるのであるが、外国でやる戦争であったのであるから、派兵の結果、どうも敗北を喫したらしいというのは、敗残兵が大量に帰還してくれば、国内の人々にも、さすがに察知できたはずである。

しかしながら、それだけの情報しかないのであるから、国内向けには、こっちは大きな損害を受けたけれども、向こうにはもっと大損害を与えたのだと言い張っても、誰も見ていないのであるから、わからないのである。こっちはもう少しのところで勝ちかけていたのだと言っても、証拠が無いのであるから、そうかなと思う人々もいたに違いない。

つまり、派兵の結果、敗北したとしても、唐・新羅にはさらに大きな損害を与えたのだと言い張り、それによって国内をまとめて、国家体制の建設に有利にはたらく、中大兄はそう考えていたのではないかというのも、あり得る可能性ではないだろうか、ということを感じている。

さらに次の可能性として、たとえ倭国の敗北が国内の誰の目にも自明なほどの敗北を喫したとしても（実際にはそうだったのであるが）、「かの大唐帝国に対して敢然と立ち向かった偉大な中大兄王子」という図式を、倭国内で主張することは可能である（あたかも、アメリカをはじめとする連合国軍に対して、ただ一国で敢然と立ち向かい、惜しくも敗れはしたものの、よく戦ったと主張した某国の大統領が、敗戦後に支持率がほぼ一〇〇%にまで上昇するほど讃えられたのと似ていると言えようか）。

つまり、中大兄たちの起こした対唐・新羅戦争というのは、勝敗を度外視した、戦争を起こすこと自体が目的だったのであり、それによって倭国内の支配者層を結集させ、大唐帝国と新羅の連合軍に対して敢然と立ち向かった偉大な中大兄によって、中央集権国家の完成を、より効果的に行なうことを期したものであるという側面があった可能性を考えてみたいのである。

あるいは、もっと深刻な可能性として、倭国の敗北が国内で周知の事実となってしまった場合、中大兄はどのような窮地に陥ってしまうと考えていたのであろうか。私は、この場合でもなお、中大兄は自らの国内改革の好機と捉えていたのではないかと考えている。

あたかもこれから、唐・新羅連合軍が倭国に来襲してくるという危機感を国内に広めてしまった場合には、戦争で負けた、これから両国が倭国に攻めてくるぞ、それに立ち向かって我らが祖国を守るためには、このままの体制ではいけない、国内の権力を集中して軍事国家を作り、国防に専念しなければいけない、軍国体制を作るためには、これまでとは異なる次元の権力集中が必要である、国内の全権力を自分に与えろ、ということを主張しようとしていたのではないかと考えている。

実はこのパターンが、もっとも強力な軍事国家を作ることができるのであり、中大兄にとっては、この戦争は、まさに「渡りに舟」のチャンスと認識していたものと考えられる。

最後に一つだけ、とんでもない可能性を提示しておきたい。鬼頭清明《きとうきよあき》氏以来、説かれているところであるが（鬼頭清明『白村江』教育社、一九八一年）、白村江の戦に参加したのは、倭国の豪族軍の連合体であった。これまで、国家的な統制の取れていない豪族軍であったがために、バラバラに唐の水軍に突撃を行なってしまった、相手はきちんとした統制のとれた律令軍であったのだから、当然のように負けてしまったのだ、という、敗北の原因としての視点ばかりが説かれてきた。

しかし、よく考えてみれば、中央集権国家の建設を目指していた中大兄にとって、もっとも深刻な障碍となっていたのは、まさに自己の既得権益ばかりを主張し、中央政府の命に容易に服そうとしない地方豪族だったのではなかったであろうか。中央集権国家の建設というのは、取りも直さず地方豪族の伝統的な権益を剥奪することに他ならないのである。

中大兄にしてみれば、乙巳《いっし》の変以来、自分の改革に対して障碍《しょうがい》となってきていた、そして次なる改革に際しても、邪魔な存在となる可能性の高かった豪族層を、対唐・新羅戦争に投入することによって、たとえ大敗北に終わったとしても、それらの障碍を取り除くことができるとでも考えたのではないであろうか。

事実、白村江の戦から九年後に起こっている壬申の乱においては、白村江の戦に参加した豪族の名は、ほとんど見られない。中大兄の思惑通り、白村江の戦における敗北によって地方豪族の勢力は大幅に削減され、庚午年籍の作成をはじめとして、中央権力はある程度、地方にまで浸透していったのである。

ちなみに、そういう発想に至ったのは、先年、毛沢東《もうたくとう》と周恩来《しゅうおんらい》の伝記（ユン・チアン／ジョン・ハリデイ著、土屋京子訳『マオ 誰も知らなかった毛沢東』講談社、二〇〇五年、高文謙著、上村幸治訳『周恩来秘録』文藝春秋、二〇〇七年）を読んだ影響である。「長征」や朝鮮戦争、「文化大革命」の際の記述を読んで、国家の指導者というのはこういう考え方をするのだということを思うに至ったという次第である（考えてみれば、蒙古襲来の際のフビライも同様だったのであるし、古代の中国も同じだったのであろう）。

ただし、話を戻すと、地方豪族勢力の削減が、自己の死後に近江朝廷の勢力を弱め、壬申の乱によって壊滅することにつながろうとは、さすがの中大兄も見通せなかったのであろう。

以上、様々な可能性を考えてみた。これらの内、どれがもっとも中大兄の思惑に近かったのか、それとも、中大兄自身がいくつかの可能性をシミュレートしていたのか、今となっては知る由もないが、いずれにせよ、白村江の戦は、必ずしも無謀な戦争だったのではないし、勝敗をまったく度外視していたわけでもないことは、明らかであると思う。

なおかつ、負けても構わない、戦争を起こすこと自体が目的だった、という側面を強調しておきたい。しかもそれは、対外的な目的よりも、国内的な要因によって起こしたということを指摘したいのである。

五　壬申の乱に向けて

さて、中大兄の思惑どおりか、それとも期待外れか、とにかく倭国は白村江で大敗を喫した。特に西国の豪族と農民兵は、『日本霊異記《にほんりょういき》』に収められている数々の説話や持統《じとう》紀の語る捕虜の物語が示すように、かなり壊滅的な打撃を受け、東国はそれよりは良好な状態の豪族と農民が残っているという状況となった。

中大兄は、すでに織り込み済みの筋書きだったことと思われるが、唐・新羅連合軍が、今にも倭国に攻め寄せるかのように国内に喧伝して危機感を煽り、国内改革を推進した。一方では西国各地の防備を行ない、一方では甲子《かっし》の宣による支配者層の再編成と、庚午年籍《こうごねんじゃく》に代表されるような地方支配の徹底を目指した。

倭国の中央・地方の支配者層は、中大兄の作戦に見事に乗せられ、いつ果てるとも知れない戦時態勢の中、自己の伝統的な権益を放棄し、中大兄に協力して、中央集権的な国家体制建設への道を歩み始めたのである。

そこに新羅の使者と、唐の百済故地駐屯軍の使者である郭務悰《かくむそう》がやって来た。そしてそれぞれ、倭国にもう一回、出兵することを要請したのである。唐は、今度は新羅と戦うから、一方の新羅は、唐を半島から駆逐するから、倭国も自分たちに協力せよというわけである。

すでに唐・新羅両面外交を推進していた中臣鎌足《なかとみのかまたり》は薨去し、新羅寄りとも思われる大海人《おおあま》王子は、天智からの即位要請を拒絶して吉野《よしの》に退去していた。病に倒れていた天智（中大兄）は、心情的には唐寄りの外交姿勢であったと思われるが、積極的に外交の最前線に乗り出す意欲もなくなっていた。一つには、唐・新羅連合軍の倭国進攻が、実は差し迫った危機ではなかったことが、倭国の支配者層に知れわたってしまったことにもよるのであろう（これは天智の責任ではないが）。

代わって近江朝廷の主宰者となった大友《おおとも》王子は、急速に親唐外交路線へと傾斜していったものと思われる（鈴木靖民「東アジアにおける国家形成」『岩波講座日本通史3 古代2』岩波書店、一九九四年）。大友は唐の出兵要請を承け、対新羅戦争用の農民兵を徴するために、各地に国宰を派遣し、徴発を始めさせた（詳しくは倉本一宏「天智朝末年の国際関係と壬申の乱」『日本古代国家成立期の政権構造』吉川弘文館、初出一九九五年）。

ところが、西国においては、豪族も壊滅的な打撃を蒙っており、農民兵となるべき健康な成年男子も少なかったはずである。それに対して東国では、豪族も農民も、比較的無傷で残っているという状況であった。なおかつ、大友は天武元年、郭務悰に対して、まだ兵は出せないからと言って、白村江の捕虜の返還と引き替えに、武器と物資を大量に与えてしまった（松田好弘「天智朝の外交について―壬申の乱との関連をめぐって」『立命館文学』四一五・四一六・四一七、一九八〇年、直木孝次郎「近江朝末年における日唐関係―唐使・郭務悰の渡来を中心に」『古代倭国と朝鮮・中国』講談社、初出一九八五年）。ということは、西国においては武器や物資も不足しているという状態になっていたものと思われる。

大友の目指した徴兵は、当然のことながら東国中心になる。後に伊賀《いが》・伊勢《いせ》・尾張《おわり》・美濃《みの》・三河《みかわ》・信濃《しなの》と呼ばれる地域などである。これらの地域では、比較的スムースに農民兵を集めることができたのではないかと思われる。東国には武器も多数残っていたことであろう。

西国では徴兵がうまく進まない、武器もあまりない、郭務悰は帰国してしまった。一方、東国では徴兵が進み、武器も豊富である、後に国府が置かれるような、各国の拠点となる地域に国宰《くにのみこともち》に率いられた農民兵が集結した、という時点で、壬申の乱は起こっているのである。

もちろん、そのタイミングを狙って、大海人と鸕野《うの》は吉野を脱出したはずである。詳しくは、倉本一宏『戦争の日本史 壬申の乱』をご覧いただきたい。

六　白村江の戦と壬申の乱を結ぶもの

したがって、壬申の乱というのは、古代史上最大の戦乱と言われているけれども、もしかすると、兵力でも武器の質量でも、ものすごい較差が、大海人軍と近江朝《おうみちょうてい》廷軍には存在し（もちろん、それぞれの戦闘意欲と作戦にも）、あっという間に、ほとんど戦闘も行なわれずに終わってしまったのではないかと考えているのであるが、最近気付いたのが、戦争指揮者の問題である。

指揮者とはいっても、戦線全体の作戦を作成するような戦争指導者、大部分は大豪族や王族であったと思うが、そういった指導者ではなくて、個々の小さい部隊を動かすような指揮者、部隊長といった人たちのことである。そういう人たちも、実は近江朝廷軍の方は、人材不足の観を呈している。瀬田川における最終決戦の最前線で、近江朝廷軍の精兵を指揮した「将軍」が、系譜も姓も不明の、もしかしたら還俗した僧かもしれない智尊《ちそん》なる人物であったことが、それを象徴している。

一方の大海人軍の方は、おそらくは高市《たけち》王と大津《おおつ》王の地方豪族出身の舎人たちが、最前線における部隊長として活躍している。指揮系統も未整備なこの時期においては、農民兵を指揮する部隊長の能力と意欲の差は、直接的に戦闘能力に反映されたことであろう。

近江朝廷軍の方に、何故、優秀な実戦指揮者がいなかったかというと、それは農民兵を率いてきた地方豪族が、あまりいなかったからであったと考えられる。その原因としては、彼らの多くが白村江の戦で戦死してしまっていた、ということに思い至る。たった十年弱しか経っていないのに、白村江の戦と壬申の乱の両方に登場する人はほとんどいない。白村江の戦に参加した人たちは、壬申の乱に参加することはできなかったのである。

彼らは、そのほとんどが、西国の地方豪族であった。大海人が迅速に鈴鹿山道《すずかのやまみち》と不破道《ふわのみち》を閉塞して、近江朝廷と東国を遮断したことによって、大友は西国を頼りにせざるを得なくなった。兵力、武器に加えて、実戦の指導者にも事欠き、彼らは大海人軍を迎え撃たなければならなかったのである（しかも、大海人と鸕野の吉野脱出と戦乱の開始は、彼らには予想外だったはずである）。

もう一つは、白村江の戦の捕虜が筑紫《つくし》にいるという問題である。先ほど述べたように、唐の郭務悰が大量の捕虜を連れて倭国に到った。郭務悰は、この兵に武器を持たせて、新羅との戦いに参加させようとしたのであろうが（長洋一「壬申の乱と九州—郭務悰の来朝と栗隈王の言葉など」『地方史研究』四一—五、一九九一年）、大友は、武器と物資だけを郭務悰に渡して、五月三〇日に帰国してもらっている。

ということは、この解放された二千人の捕虜は、壬申年六月の段階では、筑紫に留まっていたことになる。この捕虜に対して、大海人がどのような反応をしたのかは、不明と言わざるを得ない。六月二四日に吉野を脱出する大海人と鸕野にとっては、郭務悰が倭国に来たという情報までは、ぎりぎり届いていたかもしれないが、大友の対応、郭務悰の帰国、ましてや捕虜の残留まで知っていたかどうかは、微妙なところである。

いずれにしても、九死に一生を得て白村江の戦で生き延び、やっとのことで倭国に帰還した地方豪族と農民兵は、すぐに故郷に帰ることはできずに、筑紫に留まっていた。戦闘経験者である彼らは、武器さえ持たせれば、優秀な兵となるはずであった（戦闘に対するトラウマを起こしていた者も多かったであろうが）。

大海人が彼らに着目した形跡は窺えないが、大友の方が彼らに目を付けたことを窺わせる記事は存在する。六月二四日に大海人と鸕野が吉野を脱出したという知らせを得た大友は、六月二六日に掛けられた記事の中で、飛鳥京《あすか》・東国・吉備《きび》・筑紫に興兵使《こうへいし》を発遣しているのである。

これらのうち、吉備と筑紫への遣使は、きわめて非現実的なものであり、壬申紀編者の作文の可能性が高いであろうが、大海人を追撃しようとした大友が、真っ先に目を付けたのが、筑紫に留まっている白村江の戦の捕虜であったという構想は、十分に説得力を持ったのであろう。

大友の徴兵要求を受けた筑紫大宰《おおみこともち》栗隈王《くるくま》が、対外情勢の緊迫を理由に要求を拒絶しているという筋立ても、いまだ戦時態勢が継続しているという歴史事情によく適合している（少し考えれば、少人数で東国に走っている大海人――しかもまだ戦争になるかどうかはわかっていない――を迎撃するために筑紫まで使者を派遣し、大軍を連れて戻ってくるという筋書きが、いかに非現実的であったかは気付いたものと思うが)。

実際には、聡明な大友のこと、筑紫の兵がこの戦乱に間に合わないことは、すぐに感得したはずであるが、しかしながら、それでも、筑紫に多数残してある捕虜が、今、手許にあれば、大勢をあっという間に決することができるに違いないと考えたことであろう(これも実際には、大海人軍に参じる大量の東国兵と、それを率いる地方豪族、それに大海人と意を通じた国宰を考えれば、たとえ筑紫の元捕虜が大友の手許にあっても、勝敗に変わりはなかったであろうが)。

次にもう一つ。こちらは大友が実際に考えたであろうことである。七月二二日の瀬田《せた》川における最終決戦に敗れた大友は、山科《やましな》を抜けて宇治《うじ》川沿いに退路を取った。現実問題としては、瀬田川東岸には村国男依《むらくにのおより》の率いる近江路軍が陣を構えているし、大津宮のある北方からは羽《は》田矢国《たやくに》と出雲狛《いづものこま》の率いる北近江・越方面軍が迫ってきているのであるから、南西方向に逃げるしかなかったのであるが、では大友は、はたしてどこを目指していたのであろうか。

『戦争の日本史 壬申の乱』を執筆した時点では、宇治川から淀《よど》川、そして難波《なにわ》津にまで逃れることができたならば、後は瀬戸内海に出て、無限の逃亡先が存在すると考えていたのであるが、先年、橋村正昭《はしむらまさあき》氏という方から指摘されたことには、「もしかすると大友は筑紫を目指していたのではないでしょうか」ということである。

私はこれを聞き、ものすごく悔しい思いをした。「どうして、この程度のことを、しかももっとも可能性の高そうなことを、自分で気付かなかったのだろうか。せっかくなら本を出す前に言ってくれたら引用できたのに」という思いである。

政権中枢に位置する豪族から、部隊を指揮する将軍や部隊長、そして農民兵に至るまで、すべてに不足を来たしていた大友が、やはり最後に頼りにしたのは、あの筑紫に留まっている白村江の捕虜（部隊長＋農民兵）だったのではあるまいか。それらと合流して、もう一度、瀬戸内を攻め上り、畿内を制覇した大海人と鸕野に戦いを挑めば、戦況を打開できると考えたのかもしれない。

この捕虜二千人というのは、本当に二千人いた可能性があると思われるが、壬申紀に出てくる大海人軍の二万人とか何千人とかは、おそらくは文飾であろう。ということは、二千人の兵を以て本当に攻めかかれば、大海人に勝てるかもしれないと考えるのは、自然なことであろうと思われる。実際には、敗残兵と騎虎《きこ》の勢いの東国兵では差がありすぎるし、大海人・鸕野と大友とでは、支配者層の支持に大きな較差があったので、そう簡単には勝利を収めることは無理だったであろうが（白村江の捕虜たちが、自分たちを戦争に駆り立てた天智の子である大友の意向に、容易に随うとも思えないし）、それでも戦局を変えることぐらいはできると考えたのであろう。

しかしながら、その程度のことは、大海人軍には容易に見通すことができていた。すでに七月二二日、ということは、瀬田川の決戦のまさに当日、三輪高市麻呂《みわのたけちまろ》と鴨蝦夷《かものえみし》は山前《やまさき》の河の南（瀬田川・鴨川・桂川の合流点）において、大伴吹負《おおともものふけい》は淀川の下流の難波小郡《おごおり》において、それぞれ捕捉線を敷き、大友の逃れてくるのを待ち構えていたのである。彼らにとっても、大友が最後に目指すのが、筑紫に留まっていた大量の捕虜であったことは、自明の事実だったことになる（返す返すも、なぜ気付かなかったのだろう）。

大友にしてみれば、天智の大王位継承構想の破綻によって壬申の乱が起こり、対新羅戦のために徴発した兵を大海人に接収されたことによって敗北を喫し、天智（中大兄）の起こした戦争の捕虜を頼りにしたものの、それを果たせずに終わってしまったということになる。

おわりに

以上、白村江の戦と壬申の乱との関わりを、思い付くままに語ってきた。壬申の乱という戦乱は、白村江の戦以来の国際関係の帰着点として、倭国内のいくつもの国の拠点に、莫大な数の農民兵が、在地首長や国宰に率いられて集結していた時点で、勃発した。

戦乱の最中においては、大友（あるいは大海人や鸕野も）は、白村江の戦の捕虜の存在を、つねに意識していたことであろう。そしてそれは、天智（中大兄）の外交・内政の失敗の犠牲を象徴するものだったのである。

七世紀の戦と律令国家の形成

丸山　裕美子

はじめに

「日本」という国号は、七〇一年に制定された「大宝律令《たいほうりつりょう》」において正式に採用されたと考えられる。翌七〇二年に任命された遣唐使《けんとうし》は、唐王朝（その当時は則天武后の周王朝であったが）にこの国号を告げ、則天武后《そくてんぶこう》から承認を受け（『史記正義』巻一などの記述による。東野治之「日出処・日本・ワークワーク」『遣唐使と正倉院』岩波書店、一九九二年を参照）、八世紀の国際社会に「日本」がデビューしたのである。

この列島――『日本書紀』神代紀に記される〝「渾沌《こんとん》」から生み出された「大八洲国《おおやしまのくに》」〟――が、世界の「日辺《にっぺん》」（『懐風藻』所載の僧弁正の詩句）あるいは「日出処《ひいづるところ》」（『隋書』に載せる倭国国書の表現）に所在するという認識は、七世紀の国内外の軍事的緊張の中で形成され、八世紀初に「倭国《わこく》」をあらため、律令国家「日本」が成立したのである。

本稿では、その七世紀半ば以降における律令国家の形成過程を、国内外の「戦《いくさ》」――乙巳《いっし》の変・

白村江《はくそんこう・はくすきのえ》の敗戦・壬申《じんしん》の乱―との関連を踏まえて概観する。緊迫した国際関係が引き金となって、大王（天皇）への権力集中と国家の軍事力強化が進展するが、実は一方で、国際情勢の変化に対応した、緊張緩和と法整備が進んでいく有様を描くことになろう。

とくに、近年中国寧波《ニンポー》市の天一閣《てんいつかく》において北宋天聖令《てんせいれい》が発見され、日本令の母法である唐令がより正確に復原されたことにより、日本の律令国家が〝取り入れなかったもの〟が明らかになった。そこから、日本の古代国家が目指した方向が見えてくると思う。以下、時代を追って、「戦の歴史」と「法の整備」の様相、日本古代律令法の特質をみていこう。

一　乙巳の変と「天下立評」

「乙巳の変」は乙巳年（六四五）に起きた政変で、その後に行われた（とされる）数々の政治改革によって「大化改新」とも称される。中大兄《なかのおおえ》皇子と中臣鎌足《なかとみのかまたり》とが蘇我入鹿《そがのいるか》を殺害し、入鹿の父蘇我蝦夷《えみし》も自尽して、権勢を誇った蘇我本宗《ほんそう》家は滅亡した。それ以前の上宮王《じょうぐうおう》家滅亡事件（六四三年に聖徳太子の子山背大兄が入鹿によって自尽させられた）に引き続き、蘇我本宗家滅亡事件として、王位継承に関わる国内の政変として語られるが、国際情勢とも密接な関係がある（石母田正『日本の古代国家』岩波書店、一九七一年）（鬼頭清明『日本古代国家の形成と東アジア』校倉書房、一九七六年など）。

というのも、朝鮮半島でもほぼ同時期に大きな政変が起きているのである。高句麗《こうくり》では六四二年に宰相である淵蓋蘇文《えんがいそぶん》（泉蓋蘇文とも）が、国王を殺して王の弟の子を即位させ、自らが実権を握るクーデターを起こしており、百済《くだら》では国王自らが王弟や一族を追放して、権力の集中を図っている。こうした情勢の背後には、唐帝国による領土拡大の動き――六四〇年には麹氏高昌国《きくしこうしょう》を滅ぼして西州を置き、六四五年には高句麗遠征が開始される――があるわけで、朝鮮半島の国々はそうした緊迫した国際情勢の中で、それぞれ独自に権力集中を模索していたとみることができる。

そしてそうした朝鮮半島の政変のニュースは、百済使・高句麗使によって、短期間のうちに倭国にも伝えられていた（『日本書紀』皇極元年（六四二）二月戊子条、同月丁未条）。倭国において、娘を次々に大王の妃に入れて外戚となり、ついには自らの墓を「陵《みささぎ》」と呼び、家を「宮門《みかど》」と言い、子女を「王子」と称するに至っていた蘇我大臣家の傍若無人なありさまは、高句麗の宰相淵蓋蘇文によるクーデターを想起させるに十分であったであろう。蘇我本宗家にはすでに馬子による崇峻《すしゅん》（大王）暗殺という前科もある。

一方で、緊迫する国際情勢は、それに対抗しうる国家体制、権力の集中の必要性を倭国にも認識させていた。百済の国王への権力集中は倭国にとって一つのモデルプランともみなされたであろう。

東アジア世界における権力集中の国家モデルはもちろん中国のそれであったが、倭国は六世紀には主に朝鮮半島経由で、その中国の制度を導入していた。六〇〇年には遣隋使《けんずいし》を派遣し、中国隋との直接交渉を試み、六〇三年冠位《かんい》十二階を定めるなど官僚制的身分秩序の整備が始まり、六二三年、成立まもない唐から帰国した留学僧らの進言「其れ大唐国は法式備《そなわりさだま》定れる珍《たから》の国なり、常に達すべし」（『日本書紀』推古三一年条）を受け、唐国の「法式」、すなわち律令法の導入を積極的に推進するようになる。六三〇年には最初の遣唐使が派遣されたが、伝統的な氏族制社会を打破する律令法の制定までの道のりはまだ遠かった。

六四五年の「乙巳の変」後、孝徳《こうとく》（大王）のもとに権力を集中させて出された、いわゆる「改新の詔」（『日本書紀』大化二年正月朔条）には、律令法に極めて近いいくつかの制度が見られるが、これは後の大宝律令による『日本書紀』編纂者の潤色と考えられている。しかし別に記される「東国国司」の派遣（『日本書紀』大化元年八月庚子条）や「男女の法」の制定（同条）、「薄葬令《はくそうれい》」（『日本書紀』大化二年三月甲申条）などの国政改革は、いずれも古い氏族制的要素からの脱却を指向したものとみることができ、「改新の詔」に後の知識による書き換えがあるにせよ、何らかの政治改革が行われたことは否定できないであろう。

そして孝徳朝（難波朝廷）において「天下立評《てんかりつぴょう》」が行われた、ということは確実視されている。「評」は大宝令では「郡」と表記されることになる地方の行政単位で、「評を立てる」ことは、中央による地方支配の要となる作業であった。『常陸国風土記《ひたちのくにふどき》』の語る郡の設置はいずれも「難波長柄豊前大宮《なにわながらとよさきのおおみやにあめのしたしろしめす》駅宇天皇の世(孝徳朝)」であり、また「昔、難波朝廷《なにわのみかど》始めて諸郡を置く」(『類聚国史』巻一九神祇部「国造」)などと見え、『皇太神宮儀式帳《こうたいじんぐうぎしきちょう》』に「難波朝廷天下立評し給う時に」とあって、全国的な評制の施行が孝徳朝をその起点としていることは重要である(鎌田元一『律令公民制の研究』塙書房、二〇〇一年など)。

孝徳朝の改革には限界があったとはいえ、「天下立評」の実現は、中央集権のための地方行政単位の把握にむけて、次の一歩を踏み出すための土台となったことは間違いない。

二 白村江の戦と近江朝廷の「法度」

六六〇年七月、唐・新羅《しらぎ》連合軍の攻撃によって、百済王都は陥落した。百済の遺将たちはすぐさま各地で百済復興にむけて蜂起し、倭国にも救援をもとめてきた。これを受けて、翌年九月には、倭国に「質《しち》」として滞在中であった百済王子豊璋《ほうしょう》とともに倭軍が朝鮮半島に派遣されることになる。一時は勢力を盛り返した百済軍はしかし、内部分裂を起こして弱体化し、また戦略的にもはるかに勝っていた唐・新羅軍によって、六六三年八月「白村江の戦」で、倭・百済軍は壊滅的敗北を喫することになる。白村江の戦について詳しくは、本書所載の李・倉本論文を参照されたいが、この敗戦は倭国に自らの軍事動員体制や戦略の未熟さを痛感させることになり、同時に、すぐにも唐・新羅連合軍が侵攻してくるかもしれないという恐怖を抱かせることになった。

この切実な脅威に備えて、防衛体制の整備が急がれることになり、対馬《つしま》・壱岐《いき》・筑紫《つくし》には「防人《さきもり》」が置かれ、防御施設として水城《みずき》が築かれ、朝鮮式山城《やまじろ》が次々に造られ、また緊急伝達手段としての烽《とぶひ》（飛火）が配備された。六六四年の「甲子《かっし》の宣《せん》」や六七〇年の「庚午年籍《こうごねんじゃく》」の作成は、氏族や人々を中央で掌握するための施策であり、軍事動員を可能にする中央集権化を進めたものと理解される。

天智《てんじ》天皇は六六七年に近江大津宮《おうみおおつのみや》に都を遷し、翌年即位したが、その政策ブレーンの多くは、実は百済からの亡命者たちだった。『日本書紀』天智一〇年（六七一）正月条には、「法官大輔《のりのつかさのおおいすけ》」「学職頭《ふみのつかさのかみ》」に任じられた百済人、「兵法」「薬」「五経《ごきょう》」「陰陽《おんよう》」に精通した百済人らに冠位を授けたことが見えている。

その同じ月に「冠位・法度《はっと》の事」が施行されている（『日本書紀』天智一〇年正月甲辰条）。『日本書紀』には「法度・冠位の名は、具に新しき律令に載せたり」という編者による注記があり、この「新しき律令」については、これを「近江令《おうみりょう》」とするかどうかで議論がある。

ここで「近江令」の存否についてふれておこう。近年七世紀の木簡の出土が相次ぎ、地域支配制度が孝徳朝（難波朝廷）の「天下立評」以降、確実に浸透しつつあった状況が確認され、また八世紀において天智天皇が律令国家制度の創始者とみなされていたことが明らかにされ（藤堂かほる「律令国家の国忌と廃務」『日本史研究』四三〇、一九九八年）、天智・天武《てんむ》朝の連続性が指摘されるなど、天智朝（近江朝廷）の法典編纂を認める研究は多い（例えば吉川真司「律令体制の形成」歴史学研究会・日本史研究会編〈日本史講座〉1『東アジアにおける国家の形成』東京大学出版会、二〇〇四年）。

たしかに、白村江の敗戦を経て、天智朝において中央集権化が法整備とともに進められたことは間違いないであろうし、その際、多くの亡命百済人らがこれに関わったことも事実であろう。しかし体系的法典としての令の成立は、六八九年の「飛鳥浄御原令《あすかきよみはらのりょう》」を待たねばならなかったことも確かであると思う。「近江令」が体系的法典として完成し、施行されたとみることは困難である。六七一年の「冠位・法度の事」は、令につながる法の施行であり、天智朝のうちに体系的な令法典が完成したわけではないと思う。前年「庚午年籍」が造られたのも、律令支配体制の前提となる政策とみなせるであろう。

造籍《ぞうせき》が意味する律令支配体制の準備や、冠位の制度とそれにともなう官僚制の整備は、天智朝以降改定を重ね、その意味で、天智朝こそが律令支配体制、律令官僚制の出発点であった。しかしながら、神祇《じんぎ》祭祀制度や医療制度などをも含む体系的な令法典の完成には、まだ時間が必要だったのである。そして体系的な令法典の施行とそれ以前の単行法の施行との間には、大きな段階差があったことを認識しておかなくてはならない。

三　壬申の乱と「飛鳥浄御原令」

天智天皇は六七一年末に亡くなり、翌年、古代史上最大の内乱とも評される「壬申《じんしん》の乱」が勃発する。天智の子大友《おおとも》皇子と、天智の弟大海人《おおあま》皇子との間に起きた皇位継承をめぐる内乱で、大友皇子を擁する近江朝廷側は、東国の軍事動員に成功した大海人皇子側に敗れ、大津宮は陥落し、大友皇子は自殺した。

大海人皇子は、隠棲していた吉野《よしの》から脱出した際には、妃や幼い息子たちの他にはわずか二〇数人の舎人を連れただけでの兵力的に圧倒的に不利な状況にあった。にもかかわらず劇的な逆転勝利を収めることができた勝因については、さまざまな理由が挙げられている。孝徳・天智朝の国政改革に対する批判、朝鮮出兵（白村江の敗戦）に係る地方豪族の不満などはいずれも正鵠を得た指摘であろう。

ともあれ、近江朝廷側が敗れたということは、その政権の中枢にいた畿内の伝統的有力豪族の権力の失墜を意味し、同時に劇的な逆転勝利を収めた大海人皇子、即位した天武天皇のカリスマ的権威を高める結果になった。

実際の戦闘は一か月足らずで終了しているのだが、この間、近江朝廷側、大海人皇子側、双方が徴発した兵力は、かなりの数にのぼる。短期間での大量の軍事動員が可能であった背景には、白村江の敗戦以後の防衛体制の整備と、庚午年籍の作成という、天智朝の臨戦態勢に備えた政策があったからこそであろう。

壬申の乱の後、天武朝においては、すべての官人を武装化させる命が出されたり（『日本書紀』天武四年（六七五）一〇月庚寅条）、官人たちの兵器や馬の点検を行ったり（同八年二月乙卯条）、諸国に陣法（中国の兵法）を教習させたり（同一二年一一月丁亥条）、軍事的な整備が継続して行われている。

天武一三年（六八四）閏四月丙戌詔では、

凡そ政《まつりごと》の要は軍事なり

と明言して、文武官人たちに兵器の使用と乗馬を励行している。「政の要は軍事なり」というのは、内乱を軍事力によって勝ち抜いた天武の信念であったろう。ただしその軍事的整備は、天智朝の対外的な国際関係の緊張に備えるというよりは、内向きの国内の軍事を中央で掌握することに主眼が置かれていたとみるべきである。

翌天武一四年一一月丙午詔の「大角・小角・鼓・吹《ふえ》・幡旗《はた》、及び弩《おおゆみ》・抛《いしはじき》の類は私の家に存くべからず。咸《ことごとく》に郡家に収めよ」はまさに地方豪族の有する武具・軍事権力を中央政権が把握する政策である。

即位した際、天武天皇は、新羅からの天智の喪を弔う使者は入京させず、天武即位を賀する使者のみを入京させ、「新たに天下を平けて、初めて即位す」（『日本書紀』天武二年八月戊申条）と宣言している。近江朝廷を倒して即位した天武は、孝徳・天智朝の急速な政治改革の限界を理解していたであろうし、同時に畿内有力豪族の勢力低下とカリスマ的権威の獲得をもって、まずは国内体制の整備に向かったものと思われる。

そのため天智朝（近江朝廷）において始められていた令法典の編纂はおそらく一旦中止され、一定の体制固めを経過し、国際情勢も安定に向かった天武一〇年（六八一）二月にいわゆる「飛鳥浄御原律令」（以下「浄御原令」という）の編纂が開始されることになったのである。『日本書紀』天武一〇年二月甲子条の天武の詔に、「朕、今より更《また》律令を定め、法式を改めむと欲す」とある。もっともこの律令も天武天皇が生きているうちには完成せず、天武の死後、持統《じとう》三年（六八九）になって令一部二二巻が諸司に頒賜されることになる。律は完成せず、五罪《ござい》・八虐《はちぎゃく》・六《りく》議《ぎ》の部分だけは、なんらかのかたちで施行されていた可能性が高いが、唐律が準用されていたというのが通説である（吉田孝「名例律継受の諸段階」弥永貞三先生還暦記念会編『日本古代の社会と経済』上、吉川弘文館、一九七八年）。

四　「北宋天聖令」の発見

さて、ここで一旦、目を転じて、日本の令のもとになった中国の令（唐令）についてみておこう。

律令法を継受した日本においては、令が残って、律は部分的にしか残らなかったのに対し、本家の中国では、律は『故唐律疏議《ことうりつそぎ》』としてほぼ完全なかたちで残り（『故唐律疏議』は開元二五年律疏に基づいているとするのが通説である）、令は早くに失われた。そして唐令の完本が発見されることは、まずありえないと思われてきた。

ところが、一九九九年中国上海師範大学の戴建国《たいけんこく》氏によって、明《みん》代の蔵書庫である天一閣（現在は天一閣博物館、中国寧波市）に所蔵される『官品令《かんぴんれい》』という明鈔本《みんしょうほん》が、北宋天聖令であることが実証され、二〇〇六年待望の北宋天聖令残巻全文が公開されたのである（天一閣博物館・中国社会科学院歴史研究所天聖令整理課題組『天一閣蔵明鈔本天聖令校證　附唐令復原研究』中華書局）。

北宋天聖令というのは、中国北宋の仁宗《じんそう》皇帝の天聖七年（一〇二九）に刪定された令である。一一世紀の北宋令であるわけだが、その内容は、唐令を基本とし、唐令のうち現行の条文を選んでその原文によりつつ、北宋の新制を加えて修訂したものであり、不行（現行法令ではない）唐令も敢えて削除せず、そのまま載せている。唐令の体系を保持したものと考えられ、大きな制度の改変については、これに勅を附し、編勅とともに施行することによって補完したものと思われる。つまり、北宋天聖令の中には唐令が入れ子のように含まれているわけで、ここに失われた唐令が再びその姿を現したのである。

明鈔本『官品令』（実は北宋天聖令）はもと四冊の冊子本であったらしいが、一九世紀アヘン戦争の頃に三冊が失われ、現存するのは四冊目にあたる一冊だけである。唐令三〇巻のうちの巻二一から三〇までの一〇巻分にあたり、全体のほぼ三分の一が残っていることになる。篇目は、田《でん》令・賦役《ふえき》令・倉庫《そうこ》令・厩牧《きゅうもく》令・関市《かんし》令（捕亡令附）・医疾《いしつ》令（假寧令附）・獄官《ごくかん》令・営繕《えいぜん》令・喪葬《そうそう》令（喪服年月附）・雑《ざつ》令の一二篇である。捕亡《ぼもう》令が関市令に、假寧《かねい》令が医疾令に附されていたことから、唐令はこれまで考えられていたように、編纂のたびに─唐令は永徽《えいき》令・開元《かいげん》七年令・開元二五年令など複数回編纂されている─篇目が変更されていたわけではなく、唐初から一貫して同じ篇目・配列であった可能性が高くなった。

条文は宋令・不行唐令あわせて五一四条を数えるが、この残巻に含まれない篇目の条文に関しても、用語の検討や、『六典《りくてん》』『通典《つてん》』などの唐令復原根拠となる史料と令文との関係を確認できるため、これまで以上に精度の高い唐令文を推定復原することが可能である。各篇目は相互に関連をもつし、多くの篇目に関連条文をもつ雑令が含まれているからである。

そうしてこれらの北宋令から復原される唐令からは、日本令─大宝令・養老《ようろう》令《りょう》─がこれまで考えられていた以上に、唐令を忠実に継承していることがわかった。この事実は、古代日本における律令法継受の過程について、新しい示唆を与えてくれるように思う。

なお壬申の乱の後、天武・持統朝には、遣唐使の派遣が行われなかった。六七一年から七〇二年までのほぼ三〇年、唐との直接的な外交交渉はなかったのである。しかしながら天智朝までに永徽律令など日本令の藍本《らんぽん》とされたと考えられる唐律令はすでに舶載されていたであろうし、またこの間には、新羅との往来は頻繁であり、朝鮮半島経由で唐の律令法典を摂取していた可能性も高い。大宝令に先行する浄御原令においては、天智朝に重用された亡命百済人たちの知識も含め、新羅との交流によって律令法の理解を深めつつ、唐令摂取に努めたものと推測される。

五 「大宝令」の成立

日本において律・令ともに法典として完成したのは、大宝元年（七〇一）の大宝律令が最初である。慶雲四年（七〇七）に没した威奈大村《いなのおおむら》の墓誌《ぼし》（『寧楽遺文』九六七頁）に、

大宝元年を以って律令初めて定まる

と明記されているのは、律令施行直後の文章として重みがある。大宝元年正月元日朝賀《ちょうが》の儀の威容を記した『続日本紀』の編者が「文物の儀、ここに備われり」と宣言したのも、名実ともに律令国家体制が整ったことを誇ってのことであろう。大宝律は六巻、令は一一巻と伝えられる。律六巻は唐永徽律一二巻を半分に圧縮したものと考えられ、令は「浄御原令」二二巻を半分にまとめたものと考えられている。

大宝律令施行後まもなく、次々に令を修正・補足する法令が出され、養老年間には後の養老

律令にあたる法典の編纂（改定）が、おそらく格《きゃく》・式《しき》に相当する付属法典の編集と平行して行われていたものと考えられる。そして養老律一〇巻一二篇、令一〇巻三〇篇は、結局天平勝宝《てんぴょうしょうほう》九歳（七五七）に至って施行された。この後、八世紀末の延暦《えんりゃく》年間に一部令条の不適切を改めた刪定《さんてい》律令・刪定令格が施行されて、律令編纂は終焉することになる。

そして周知のように、養老律は名例《みょうれい》律・衛禁《えごん》律・職制《しきせい》律など一五八条が現存し（唐律五〇二条に対し約三分の一）、令は『令義解《りょうのぎげ》』や『令集解《りょうのしゅうげ》』という注釈書のかたちで残り、倉庫令と医疾令を除いた養老令文を知ることができる。倉庫令・医疾令も江戸時代以来逸文蒐集《しゅうしゅう》がなされていて、養老令はほぼ全体像が判明しているといえる。大宝令も『令集解』に引用される大宝令の注釈書「古記《こき》」から復原研究が進められている。

前節で紹介した北宋天聖令の発見によって新たに判明したことは多いが、全体にわたることとして、復原された唐令文が、日本令文と極めてよく一致するということがある。これはもちろん、日本令が唐令を忠実に継受していたということを示す。

これまで、律に関しては、家族制度や宗廟《そうびょう》・社稷《しゃしょく》の制度など、実態が日本と異なるものや、存在しなかったものについての規定を削除し、刑を全体に一・二等軽く設定した以外には、唐律をほぼそのまま引き写したとされ、一方、令は唐令にかなり改変を加えて成立したと考えられてきた。刑法である唐律は、法典としての完成度がきわめて高く、日本固有の慣習刑法をたやすく加えることはできなかったが、行政法である令は、継受法でありながらも固有法を組み込んで成立しており、日唐令を比較検討することによって、日本古代社会・国家の特質を抽出することができると考えられてきたのである。

ところが北宋天聖令から復原される唐令によると、日本令は、全体として、条文配列はほぼ唐令のままであること、唐令の二条を一条にするなど簡略化していること、令文の字句を忠実に継承していること、唐令に規定のない条文はごく限られていたこと、などが判明した。

もちろん、賦役令や田令など国家の支配体制（土地制度や税制）に関わる部分に関しては、唐令を配列も含めて改変していることが確認されたし、細かい字句の変更は多い。けれどもこれまで日本令独自の条文と考えられてきたものの、多くはそのもととなる唐令の存在が明らかになったことの意味は大きい。

令の継受は、先進的な統治システムの導入であり、日本令に規定される制度は、理想的な国家の「青写真」であったとされ（吉田孝「律令国家の諸段階」『律令国家と古代の社会』岩波書店、一九八三年）、その意味ではこうした唐令との一致は驚くべきことではないかもしれない。しかしながら、あくまで唐令の枠内での継受であったことが改めて確認されたことは、日本令が、内部で時間をかけて熟成されたものではないことを示している。律の編纂が遅れたこと、制定された大宝律が唐律に全面的によっていたことを考え合わせると、令もまた法典として完成するには時間がかかったことを示唆していよう。

大宝律令は「大略、浄御原朝庭《きよみはらのみかど》を以て准（正）とす」（『続日本紀』大宝元年（七〇一）八月癸卯条）とされる。「浄御原朝廷を以て」とあって、「浄御原律令」とはないけれども、「考仕令《こうし》」（『日本書紀』持統四年（六九〇）四月条）「戸《こ》令」（同年九月条）という篇目を含むいわゆる「浄御原令」二二巻が存在したことは否定できず、「浄御原令」を含む天武・持統朝の諸制度を基準にしたと解釈できるであろう。「考仕令」の継承なども、浄御原令と大宝令との連続性を示すものといえる。大宝律令の画期性はうたがうべくもないが、浄御原令を基本にしていたことも無視してはいけない。

とりわけ、日本令独自と考えられる数少ない規定が、天武・持統朝に定着あるいは制定されたと考えられることは注目すべきである。

例えば、北宋天聖雑令によって、唐雑令には節日《せつじつ》条や大射《たいしゃ》条が存在せず、この二条は日本令独自であることがほぼ確実になったといえるが、節日に行われる儀礼や大射は天武紀に頻出する。『日本書紀』天武五年（六七六）正月条には元日（朝賀）、七日（賜禄）、一五日（御薪）、一六日（大射）が出揃い、同一一年七月条には相撲《すまい》の儀礼が、同一四年九月条には九日の宴が初見する。

また天聖令には残っていないが、唐祀《し》令を継承した日本の神祇令が規定するいわゆる令制祭祀は、やはり天武・持統朝に成立したと考えられる。令制祭祀はその名称が、祈年祭《としごい》とか神嘗《かんなめ》祭、あるいは大忌祭《おおいみ》・風神祭《かざかみ》、鎮火祭《ほしずめ》・道饗祭《みちあえ》などのように、すべて漢字二文字で整然と表記され、かつ祭りの対象となる神が示されず、抽象的であるという特徴がある。このことは、神祇令の祭祀が自然発生的なものではなく、意図的に創出されたものであることを示唆している。なかで祈年祭は天武朝に新たに創出されたと考えられ（早川庄八「律令制と天皇」『日本古代官僚制の研究』岩波書店、一九八六年）、大忌祭・風神祭が『日本書紀』天武四年（六七五）四月条に初見して以来、連年記録が見られることや、鎮火祭や道饗祭は宮城・京城四隅で行われる祭りであるから、方形プランの宮城・京城が成立して以後の祭祀であることなどを考え合わせると、令制祭祀は天武朝に構想され、浄御原令で規定されたとみてよいであろう（丸山裕美子「天皇祭祀の変容」〈日本の歴史〉08『古代天皇制を考える』講談社学術文庫、二〇〇八年）。

浄御原令の班賜が六八九年六月で、大宝令の編纂は、文武《もんむ》四年（七〇〇）三月以前に終わっている。冠位制から位階制へ、評制から郡制へ、元号使用の開始など、官僚制あるいは地域行政・文書行政上の大きな変更はあったが、日本独自の令規定が、浄御原令に基づくことは明らかで、大宝令の画期性を評するあまり、天武・持統朝の評価を下げることは適切ではない。

最近出土の七世紀木簡から、地方行政単位の「五十戸」から「里」への改称は天武一〇（六八一）〜一二年であり、浄御原令の編纂にともなうものとみなされる。「五十戸」制がいつから始まったのかは、現在までのところ不明であるが、天智朝六七〇年の庚午年籍を契機とする可能性が指摘されている（市大樹「荷札木簡からみた「国―評―五十戸」制」『古代地方行政単位の成立と在地社会』奈良文化財研究所、二〇〇九年）。

「乙巳の変」を経た孝徳朝（難波朝廷）の「立評」、「白村江の戦」を経た天智朝（近江朝廷）の「五十戸」編成、「壬申の乱」を経た天武朝（飛鳥浄御原朝廷）の「五十戸」から「里」への改称、そして文武朝（藤原宮）の「評」から「郡」への改称は、それぞれが単なる表記の違いではない、中央の朝廷の地方に対する支配権の段階的強化の過程を表している。七世紀の戦―乙巳の変・白村江の戦・壬申の乱―を経て、列島の中央集権化が進展したこと、「大王」から「天皇」へ、そして「日本」が成立したこと、その具体的な様相が明らかになりつつある。

おわりに

最後に日本令の性格について、もう一度北宋天聖令と比較して考えておこう。

先にも述べたように、北宋天聖令から復原される唐令と日本令との高い共通性は、完成した日本令（大宝令・養老令）の唐令への依存度の高さを示す。日本令独自の条文と考えられるものは、従来考えられていた以上に少なかったのである。しかし一方で、唐令には存在するのに、日本令が継受しなかった条文があることも明らかになった。

例えば、北宋天聖田令から復原される唐田令には、日本令には存在しない屯田《とんでん》関連条文が多く規定されていた。この事実は、完成した日本令（大宝令・養老令）が大規模な行軍《こうぐん》を支える屯田制を意図的に採用しなかったことを示す（坂上康俊「律令国家の法と社会」〈日本史講座〉２『律令国家の展開』東京大学出版会、二〇〇四年）。

また北宋天聖医疾令から復原される唐医疾令には、諸衛《しょえい》、在京諸軍や行軍時、あるいは鎮戍《ちんじゅ》における医師の派遣や治療に関する規定が見られるのだが、日本令はこれを簡略化したり、削除したりしている。もちろん律令法は基本的には平時の兵制を規定するものであって、戦闘時の軍制（行軍）を想定しているわけではないが、こうした行軍に関わる規定の簡素化は、日本令の制定者が、軍事に対して、唐とは異なる考え方を持っていた可能性を示唆しているように思う。

もちろん内乱を軍事力によって勝ち抜いた天武には、一貫して「政の要は軍事なり」という信念があり、天武朝においては軍事的整備が着実に行われていた

持統朝においても、武術に優れたものに褒章を与えたり（『日本書紀』持統三年一一月丙戌条）、陣法博士を諸国に派遣したり（同七年一二月丙子条）といった軍事力強化の動きは継続して見られ、なにより持統三年（六八九）閏《うるう》八月庚申《こうしん》詔で、庚寅年籍《こういんねんじゃく》の作成に際して、

其の兵士は、一国毎に四つに分ちて、その一つを点じて、武事を習わしめよ

とあるのは、この戸籍の作成が兵士の徴発と密接に結びついていることを示している。

そのため、一般的には、七世紀の戦を経て、倭国日本の軍国化が進展したと理解されている。しかしながら、東アジアにおける軍事的緊張は唐の新羅征討中止によって緩和され、国内的にも壬申の乱から一〇年を経過した天武一〇年（六八一）の詔に「今より更律令を定め、法式を改めむ」というのは、内政の整備に本格的に取り組む姿勢を示したものと評価できよう。壬申の乱の後に、唐・新羅からの侵略を想定した極度の軍事的緊張のなかで防衛体制を整備した段階はすでに去り、対外的な緊張が緩和された段階で、「律令」の編纂が始められているのである。

中国の都城に倣って設計造営された日本の藤原京・平城京には、中国の都城と異なり、城壁がなかった。防衛のための高い城壁をはりめぐらせる必要がなかったからである。また大宝令の規定する日本の武官の位は、唐の武官に比べて低く、勲位《くんい》も唐の勲官《くんかん》より低く設定してあり、日本令の制定者が武官・武勲を唐よりも軽くみていたことが知られている（坂本太郎「日本律令の右文主義とその伝統」『日本歴史の特性』講談社学術文庫、一九八六年）。

つまり、乙巳の変・白村江の戦・壬申の乱を経て、律令法典の編纂と官僚機構の整備、中央集権化が進展したことは明らかであるのだが、浄御原令とそれに続く大宝律令の編纂は、むしろ「戦」後の軍事的緊張が緩和された段階で整備されているのである。隼人《はやと》や蝦夷《えみし》に対する大規模な征討もこの時期には計画されていない。

本書冒頭の笹山晴生氏の基調講演で丁寧に述べられているように、日本の律令制の軍事制度＝

軍団兵士制は、七世紀の東アジアの政治的な緊張に対処するための防衛的な制度であり、日本の古代国家の常備軍として設けられたものであった。その意味で、七・八世紀に倭国日本の軍国化が進展したという評価は正しい。しかしまた本書所収の孟彦弘氏の論文に明らかなように、大陸で常に隣国と軍事的緊張関係にあった大唐帝国の軍制は、日本律令国家の軍制よりはるかに強大なものであった。唐の制度を継承しつつも、日本の軍事制度は自ずと大きく性格を異にするものとして成立したのである。

日本において、白村江の戦から四〇年、壬申の乱からも三〇年を経て成立した大宝律令は、七世紀の戦の経験とその後の緊張緩和の時間を経て、大規模な行軍を想定しない、いわば「武」より「文」の法典として成立したのだといえよう。その意味で、大宝元年（七〇一）元日朝賀を「文物の儀、ここに備われり」と記した『続日本紀』編者の評価は至当であったのだと思う。

第二部　文字文化――歴史の影――

白村江敗戦前後の日本の文字文化

犬飼　隆

一　問題設定

戦争は文化を破壊し文化を育てる。七世紀半ば、白村江《はくそんこう》《はくすきのえ》敗戦に集約される東アジア情勢は、日本の文字文化をある面で急激に成長させた。すでに六世紀末から、大和《やま》《と》朝廷《ちょうてい》は漢字を使いこなす技術に関心をよせていた。豪族連合的な国家体制から中国の律令制度にならった中央集権的な体制へ脱皮するに当たり、全国へ一律に文書行政を施す必要が生じたからである。紙と木に書いた行政文書の作成は、おそらく六世紀の末から行われていたであろうが、七世紀に入ると増大し、白村江敗戦後は飛躍的に多くなった。内政固めにともなってのことである。近江《おうみ》京《きょう》にかかわる滋賀県中主町《ちゅうずちょう》の諸遺跡や飛鳥京跡《あすかきょう》から出土する七世紀末の木簡の数がそれを裏付ける。

一方、外交を含む国外向けのさまざまな政策を行うために、漢文と中国語の能力を官僚たちが身に付けることを奨励した。当時の東アジア共通語だったからである。このことに関しては拙稿「『鳥羽之表』事件の背景」（『愛知県立大学文学部紀要　国文学科篇』五七、二〇〇九年）で見解の一端を述べた。本稿では詳しくは繰り返さないが、そこで述べたところを踏まえて論じているので、参照されたい。

また、対外意識の一面として、中央集権国家の体裁を整えるためには、固有の「文化」をもつ必要があった。その文化は、先進国中国の文化を充分に摂取した上で、外国に対して独自性を誇り得るものでなくてはならなかった。その認識のもとに歌の様式の整備が行われた。『懐風藻《かいふうそう》』は中国文化摂取の動きの具体化の跡であるが、大和朝廷は和歌に漢詩と並ぶ位置付けを与えた。「歌が国家にとって必要なものであった」という考え方は、つとに河音能平《かわねよしやす》「国風的世界の開拓」（『講座日本文化史』三一書房、一九六二年）吉田義孝《よしだよしたか》「天武朝における柿本人麻呂の事業」（愛知学芸大学『国語国文学報』一五、一九六二年）で示され、最近では古橋信孝《ふるはしのぶよし》「万葉集とその時代」（『万葉集を読む』吉川弘文館、二〇〇八年）がその線上にたって宮廷歌人を論じている。拙著『木簡から探る和歌の起源』（笠間書院、二〇〇八年）《以下「拙著A」》では、日本の固有の「うた」が漢詩と接触して公的な典礼でうたう「歌」として様式化され、「歌」の様式によって、各種の公私の目的のために和歌が詠まれるようになったという経緯を提案した。

行事の席で韻文をうたうことは人類普遍の現象であるが、八世紀の日本では各種の宴席で漢詩と和歌とが吟ぜられていた。たとえば『万葉集』の巻二〇の四四九三番歌の詞書に「内相《ないしょう》藤原朝臣、奉勅宣、諸王卿等随堪任意作歌并賦詩」とあり、当該歌は大伴家持《おおとものやかもち》がその宴席のために詠んでおいて事情により披露しなかったものである（上野誠「難波津歌典礼唱和説批判」『国文学　解釈と教材の研究』五四―六、二〇〇九年参照）。『万葉集』は、その文献としての性格がどの程度に公的であったのか、あらためて見直されなくてはならないが、そのようにして生産された歌たちを集めて成立し、中国の詩に対する日本の和歌のアンソロジーという性格を担っていることは否定できない。また、記紀と『風土記《ふどき》』に収められた歌謡も、各種の席でうたわれたものをもとにしていると考えることができるであろう。『万葉集』を漢詩集になぞらえるとすれば、それらの歌謡は史伝の類に収録された韻文になぞらえられることになる。実際に、『日本書紀』の皇極、孝徳、斉明、天智天皇巻の記述では童謡《わざうた》が世の動向を示唆し批評する「そへうた」としての機能を果たしている。

本稿は、こうした行政文書の作成と、日本語韻文の筆録において、渡来人たちが演じた役割を論述する。なかでも、有史以前から営々と行われた半島からの移住に伴う技術・文化の導入と、白村江敗戦後に一挙に行われたそれとの違いを明らかにしようとする。

二　七世紀中頃までの日本の文字文化

古代日本における政治と外交のための文字使用は、遅くとも五世紀には行われていた。具体例をあげれば、『埼玉県稲荷山《いなりやま》古墳出土鉄剣銘《てっけんめい》』は、ある地方豪族の血統と功績を顕彰する内容をもって、その政治的な地位を誇示する機能を帯びている。しかしそのような文字使用は日常的に行われていたのではなかった。今日、各種の公的機関において日々刻々と文書が作成され交付されているのに似た状況は、おそらく、六世紀の末にはじまったであろう。推古朝《すいこちょう》遺文《いぶん》と称される六世紀末から七世紀初頭の一群の金石《きんせき》文・文献類がある。その現存するテキストについては、当時の成立を想定し得るものは二点にとどまると指摘されている（金沢英之「金石文―五世紀の刀剣銘、七世紀の造像記・碑文類から―」『国文学　解釈と教材の研究』四七―四、二〇〇二年）が、一定量のまとまった文献が書かれたことは想定して良いであろう。その性格は行政文書ではないが、背景に多くの行政文書作成における文字使用を考えることができる。日本列島から出土した木簡のうち今のところ最も古いのは七世紀前半であることが、その裏付けとなる。

七世紀半ば、大化の改新の頃には、それまでに比べて格段に大量の行政文書が作成されるに至ったであろう。『日本書紀』の孝徳大化《たいか》元年（六四五）八月、改新の詔の前年の記事に「皆作戸籍（皆戸籍を作る）」とある。このとき本当に戸籍が編まれたか否か不明であるが、行政機関による住民の把握なしに戸籍はできない。住民を組織化すれば文書行政が行われる。難波宮《なにわのみや》跡などから出土する七世紀中頃の木簡が、その状況が生まれていたことを裏付ける。

当時、文書を扱う人の多くが渡来系であったことはあらためて言うまでもない。たとえば

『元興寺露盤銘《がんごうじろばんめい》』には文章の末尾に「書人百加博士陽古博士」とある。「百加《はくか》」「陽古《やこ》」が渡来系氏族であるだけでなく、「書人」の「○○人」という様式は朝鮮半島の六世紀の碑文にあらわれる「書写人」「文作人」などと関連付けて理解することができる。これらを、五世紀以来、半島と列島に共通して、ある職能に携わる者として設けられていた公的な役職名と理解するのが最近の研究動向である（李成市「古代朝鮮の文字文化」『古代日本　文字のある風景』（国立歴史民俗博物館、二〇〇二年）など参照。橋本繁「城山山城木簡と六世紀新羅の地方支配」『東アジア古代出土文字資料の研究』（雄山閣、二〇〇九年）は、役職が郡レベルに設けられていたと指摘する）。稲荷山古墳出土鉄剣銘にも「杖刀人（の首）」という語句があり、江田船山古墳大刀銘には「典曹人」がある。

　有史以前から継続して行われた半島からの移住者のうちの学識のある者が、大和朝廷に直属的に仕え、「博士《ふみひと》＝史」として文字を扱う職能集団をなしていた。当時において、漢字を使いこなして文章を書く技術は、今日の情報テクノロジーに相当する。法隆寺の釈迦三尊像を製作した鞍作部鳥《くらつくりべのとり》（止利）は、その氏族名からみて鋳造技術のみを扱っていたわけではない。そして、『日本書紀』の推古一五、六年（六〇七、八）の記事によると、一族の鞍作福利《くらつくりのふくり》が遺隋使の通事を務めている（水野敬三郎「釈迦三尊と止利仏師」『奈良の寺3　法隆寺　金堂釈迦三尊』岩波書店、一九七四年参照）。このように、漢字使用の技術は諸の科学技術の一つとしてであった。日本列島に渡来した後、漢字の意味・用法の学識は、一族内で伝授によって保持されたであろう。漢字の音も意味・用法も通時的に変化するから、列島内で伝授された学識は時間とともに国際的に見れば通用しないものになる。その修正は、新しい学識を有する者が渡来した機会、新しい学識にふれ得た機会を待って行われたであろう。その時、旧来の史たちの学識と新来の学識とが食い違う事態も当然ながら出来する。『日本書紀』の敏達天皇の元年の記事にある出来事（前掲拙稿「『鳥羽之表』事件の背景」参照）は、何度も繰り返されたであろうそのようなエピソードの一つを象徴している。鳥羽之表を解読した王辰爾《おうじんに》が、船氏の祖とされているのは、海外交易に従事するなかで新しい知識を得る機会があったことの反映か。

一方、七世紀に入ると、大和朝廷は、遣隋使、遣唐使を派遣して、漢字に関する学識の取得を、渡来や接触の機会を待つのでなく、留学政策としてすすめるようになる。その中で、境部《さかいべ》連石積《のいわつみ》のような国際人が育った。石積は、七世紀中頃の外交に活躍し、六八二年に天武天皇から新字の編纂を命ぜられた人物である。この新字は、もし完成していたなら、当時の中国語会話の手引きの性格をもつものであったと筆者は考えている。定期的に新しい知見と技術がもたらされるようになって、学識の深化は格段に速くなったであろう。半島との交流による知識の摂取も並行して続いていたはずであるが、中国からの直輸入は、日常的に半島から得られるところより間欠的であっても、質的には別格であったと考えてよい。新川登喜男《しんかわときお》「遣唐使と文物の移入」（『万葉集を読む』吉川弘文館、二〇〇八年）は、七〇一年に出発した遣唐使が持ち帰ったものについて詳しい実態を分析している。

三　白村江敗戦が文字文化に与えた影響

こうして漢字に関する学びが加速されるなか、天智二年（六六三）の白村江敗戦がその流れに拍車を掛けた。文書を作成すべき事情と、それを担う人材との両面においてである。

まず前者について述べる。六世紀末以来、大和朝廷が国家体制の近代化をはかり内政固めと外交技術の確立を強く意識したのは、半島の諸国と、その背後にある中国の動向に対応するためであったが、その政治情勢が一つの局面を迎えた。百済と高句麗が滅び、新羅と唐との三者関係になったのである。白村江敗戦の翌年と翌々年に唐から使者が来訪しているが、その性格は勝者の側からの講和使節であったろう。天智四年の使節は総勢二五四人で、『日本書紀』には「大閲于菟道《い》」とあるが、その実態は進駐軍の示威であったろうか。大和朝廷は近代国家への脱皮を急がなくてはならなかった。壬申《じんしん》の乱に至る一〇年間は、その実行に着手した時期であった。『日本書紀』には、即位した天武天皇が中国の律令にならった政策を次々に打ち出す様子が記述されているが、それらは必ずしも天武朝に開始されたものではなく、天智朝から国をあげて実施された諸政策を天武天皇個人の業績に仮託したというのが、出土資料を踏まえた今日的な見解である。

第一節に述べたように、政治・経済だけでなく文化面でも近代国家としての体裁を整えるために日本語の韻文の整備がすすめられた。今のところ文献に残る最古の日本語韻文は『上宮《じょうぐう》聖徳法王帝説《しょうとくほうおうたいせつ》』の歌謡であるが、中世の写本上の存在なので信用できない。信用のおける徴証となるのは、書かれた時期の細部について議論を残しているものの、七世紀中頃と推定される難波宮跡出土木簡の「春草の…」と解釈できる歌句である。その歌句のなかの「刀斯」を「年」の意に解釈すべきか否か議論があり、これについて後に論ずる。この木簡の作成時期が信用できるとすれば、大化の改新の頃にあたり、前段落までに述べた、六世紀末以来すすめられていた中国にならった国家づくりの文化的側面に位置付けられる。律令の礼楽の概念に従って、行事でうたい演奏するために日本語の韻文が整備されていたのであり、木簡や墨書土器《ぼくしょどき》上に頻出する「難波津の歌」もこの頃までに成立していたと筆者は考えている（拙著A参照）。

白村江敗戦後、礼楽の制度の整備にも拍車がかかったであろう。『日本書紀』の天武四年（六七五）二月に各国から「能歌」を集めたとの記事、一〇年（六八一）三月に「天皇居新宮井上而試発鼓吹之声仍令調習」との記事は、必ずしもこの時にはじまったのではなかろう。継続的に行われていたことどもの一つを象徴的に述べているとみるのが妥当であると思う。なお、能歌については、稲垣彰《いながきあきら》「二条大路木簡にみえる「能歌」について」（『続日本紀研究』三七七、二〇〇八年）が、それを名称とする職能集団が八世紀に行幸時に音楽を奏上していたとの興味深い推定を述べている。筆者は、枚方市禁野本町《きんやほんまち》遺跡から出土した削り屑にある「歌人」という字句、紫香楽《しがらき》宮跡と推定される宮町《みやまち》遺跡から出土した土器墨書の「歌一首」「伊毛」などの字句に注目し、今後の資料の出土を待っている。

　礼楽の制度の整備がすすむにつれ、七世紀末には宮廷歌人たちが盛んに活動する状況が形成されていたと想像できる。想像できるというのは、今のところ直接に証明の根拠となる徴証が得られていないからである。『万葉集』に書かれている作歌年代、作歌事情に従うなら、六八〇年頃から柿本人《かきのもとのひと》麻呂《まろ》や山部赤人《やまべのあかひと》らが活躍した。今日みる姿に近い『万葉集』が編纂されたのは八世紀の半ば以降とみるのが通説（伊藤博『萬葉集の構造と成立』塙書房、一九七四年など参照）であり、詞書や左注に記述されている年代と事情が事実をそのまま伝えている保証はない。右に『日本書紀』の記述に関してふれたとおり、編纂目的に即して事実を改変し脚色して述べるのは常のことである。しかし、二〇〇三年に公表された石神《いしがみ》遺跡出土の木製品の刻書「阿佐奈伎尓伎也／留之良奈弥々麻久」が万葉集巻七の一三九一番歌「朝凪に来寄る白波見まく（ほり…）」の語句と一致する度合が大きい（改行の位置が「よる」が期待されるところ「やる」となっている問題は未解決。）と判明したので、七世紀末に、のちに『万葉集』に収録される歌たちの原型にあたるものが生産されていた蓋然性は大きい。

　次に漢字を使いこなす技術をもつ人材面について述べる。『日本書紀』の記述によれば、舒明朝には高句麗、百済、新羅の三国が並んで朝貢している（最近の歴史学・考古学では、加羅を加えて考えるが、白村江役時には滅びて久しい）。「朝貢」とは日本の立場からの記述であるが、それぞれに国交を結んでいたのであり、文化的な影響もそれぞれから得ていたと考えて良い。高向玄理《たかむこのくろまろ》ら中国への留学生が遣唐使を待たずに新羅使に便乗して帰国した例もあるので、新羅との交流が希薄だったとは言えない。

白村江敗戦後、学術面での百済の要素が特別な位置に立った。『日本書紀』の記述によると、天智四年（六六五）に亡命百済人鬼室集斯《きしつしゅうし》に小錦下《しょうきんげ》の官位を授け彼ら四百余人を神前郡《かむさき》においた。朝廷は彼らを先進技能集団として保護し特別扱いしたらしい。同五年の記事には百済の男女二千余人を東国に置き百済滅亡の年から数えて三年間は官食を賜うとあるが、これは、天武四年一〇月の記事に筑紫《つくし》より貢上された唐人三〇口を遠江《とおつおうみ》国に遣して安置、同一三年五月に亡命百済人二三人を武蔵《むさし》国に安置、持統元年三月に亡命高句麗人五六人を常陸《ひたち》国に居、同月亡命新羅人一四人を下毛野《しもつけの》国に居などとあるのと同じく、植民の措置である。天智六年に近江遷都が行われ、七年九月に新羅と関係修復、直後の一〇月に高句麗が滅亡して新羅の属国になる。その間に七百余人に増えていた鬼室たちの集団は天智八年に蒲生《かもう》郡に移された。

そして、『日本書紀』の天智一〇年（六七一）正月の記事によると、佐平余自信《さへいよじしん》・沙宅紹明《さたくじょうみょう》は大錦下《だいきんげ》の官位を授かり二人は「法官大輔」とある。小錦下の鬼室集斯は「学職頭」とある。

令制の大学頭に相当する役職である。小山上《しょうせんじょう》の許率母《こそちも》は「明五経」、角福牟《ろくふくむ》は「閑陰陽」とある。その他の人たちには「閑兵法」「解薬」「閑於陰陽」の注記がある。鬼室集斯たち百済王室亡命者は、白村江敗戦後の日本の学制の整備に中心的な役割を担ったと推測される。

日本語を漢字で書きあらわす方法の開発において、日本語と文法が似ている言語を母語として、すでに故国で固有語を漢字で書きあらわす経験を積んだ人たちは、中国からの渡来人に増さる適性を持っていたはずである。大学には、白村江役時に来日した唐人の続守言《しょくしゅげん》と、来日時期の不明な薩弘恪《さっこうかく》も在籍し、持統朝に報償を受けている。ただ、彼らは「音博士」であって、今日なら会話教育担当の外国人教員にあたる。教育課程の運営には参画しなかったかもしれない。また、新羅との文化的な交流も続いている。たとえば『日本書紀』の持統三年四月の記事には新羅へ二人の学問僧が留学したとある。文字文化に関しても影響があったはずである。七世紀末の日本の行政文書の様式と新羅のそれとの共通性は、韓国と日本の木簡を資料として着々と解明されている。しかし、新羅系の人たちが七世紀末から八世紀初頭の日本の教育制度を掌握していた形跡は認められない。

蒲生郡に移った後、鬼室集斯たちは壬申の乱に際して抗争に巻き込まれなかったらしい。自ら局外中立を保ったか、それとも有為な人材を損なわない配慮から近江朝廷側も大海人側も手を出そうとしなかったのか。先の許率母は天武六年五月の記事に大山下《だいせんげ》位を授かり「封三十戸」

とある。「大博士」と書かれているから大学寮の教授だったのであろう。さらに、持統五年四月の記事には「大学博士」上村主百済《うえのすぐりくだら》に学業を勧めるため大税一千束を賜ったとある。同年九月の記事には、先の唐人続、薩とともに「書博士」百済末士善信《くだらのばつしぜんしん》に銀二〇両を賜ったとある。この百済と善信は久木幸男《ひさきゆきお》『日本古代学校の研究』(玉川大学出版部、一九九〇年)によれば天智朝以前の渡来人である。

この人材と、礼楽制度の整備とを関係付けてみるなら、次のような経緯が想像できる。七世紀に入って日本語韻文の整備がはかられ、六四六年の大化改新の頃に「歌」の様式がひとまず成立したとき、その任を担ったのは、主として史たちであったろう。彼らの保持していた漢学は、半島で得て列島内で伝授していた伝統の上に、半島との新たな交流や、遣隋使、遣唐使によって得た直輸入の知見を付け加えたものであったと考えて良い。この学的基盤によって在来の「うた」を素材に典礼用の「歌」が成立した。白村江敗戦後、唐を強く意識しながら日本独自の文化を整備しようとしたとき、朝廷は鬼室集斯たちの学識と高等教育運営の技術に依拠した。彼ら百済系渡来人は、遣唐使による留学経験者や中国からの渡来人と協力しながら、漢音よみに象徴される最新の漢学の普及に努めた。漢音は、当時の中国語会話にだけでなく、韻文を含む日本語の表記にも導入されていった。その具体化が『日本書紀』の万葉仮名である。『日本書紀』に書かれている王仁《わに》と王辰爾の事績は、鬼室集斯たちが自らの事業を仮託した説話である。『古事記』が和迩吉師の説話を記載しながら王辰爾の項を欠く理由も、『古事記』の漢字運用が七世紀までの史たちの学識の集大成であると想定すれば説明できよう。

四　七、八世紀の日本語韻文表記の実態

七世紀末以降、盛んにつくられるようになった歌たちは、当時、どのように表記されたか。今みる万葉集上の人麻呂らの歌の表記が七世紀の姿を伝えているとの仮説は根拠がない。『万葉集』の編者が、五〇年以上前につくられた歌たちを、いかに表記し直し配置したかは、今後の研究課題である。前掲の拙著Aで詳しく論じたので本稿では繰り返さないが、今のところ得られている物証に従うかぎり、七世紀には韻文を一字一音式に表記していた。その表記はどのような音韻認識と表記態度によって行われたか。

ここで先にふれた七世紀中頃の「春草の…」木簡を取り上げる。「皮留久佐乃皮斯米之刀斯□」の九字目までは「春草の初めの」の意に解釈するのが大方の見解である。問題は、続く二字を「年」の意に解釈しようとすると、「刀」が上代特殊仮名遣いの甲類乙類違例になる。これについて毛利《もうり》正守《まさもり》「難波宮出土の歌木簡について」（『古代日本形成の特質解明の研究教育拠点　奈良女子大学21世紀COEプログラム報告集 Vol.12 二〇〇七』）は、木簡上の表記に甲類乙類を区別していないものが散見すると述べている。ただし、挙げ得る例はすべて八世紀のものである。拙著A三

六頁において、毛利の考え方を「上代特殊仮名遣いの区別の崩壊を想定」と記述したのは筆者の誤解であった。つつしんで訂正する。七世紀の現象の証明に八世紀の例を用いるのは方法上、問題があり、区別がなかった理由には言及が必要であろう。上代特殊仮名遣いの違例か否か問題になる七世紀中頃の例が今のところこれ一つだけなので考察に慎重を要するが、ことは以下のように拡がっていく。

当該の木簡の八字目の「米」は、「初め」のメにあたるとすればメ乙類であって上代特殊仮名遣いに合致する。ただし、他に七世紀のメ乙類の万葉仮名の用例がないので今のところ確かなことは言えない。時代をさかのぼって、推古朝遺文の表音表記をみると、八世紀の上代特殊仮名遣いに矛盾しない例が多く、疑問のあるところは写本の問題に帰することができそうである。さらにさかのぼって、先に挙げた稲荷山古墳出土鉄剣銘をみると、たとえば「斯鬼」は地名の磯城《しき》にあたる可能性が大きいが、「鬼」の漢字音は、地名シキのキが八世紀の上代特殊仮名遣いで乙類であるのに適合する。その一方、この銘文には八世紀の上代特殊仮名遣いの体系にあてはまらない表音表記もみられる（詳しくは拙著『木簡による日本語書記史』笠間書院、二〇〇五年、《以下「拙著B」》第六章参照）。これらの徴証をつなぎ合わせて考えると、五世紀から八世紀の間に日本語の音韻体系が変化しなかった可能性は小さいが、七世紀以前に八世紀の上代特殊仮名遣いに反映しているような音韻現象が存在したことも動かし難い。

しかし、木簡などの出土資料上の表記に上代特殊仮名遣いの違例が目立つのは事実である。たとえば早くに知られた平城京《へいじょうきょう》木簡の「津玖余々美宇我礼《つくよよみうかれ》」は『万葉集』巻一一の二六一八番歌「月夜良み妹に逢はむと…」等を参照して「月夜良み浮かれ」の意に解釈されているが、三字目の「余」はヨ乙類の万葉仮名であるからヨ甲類の「夜」にあてられているのなら違例になる。踊り字があてられている四字目は「良み」の意ならヨ乙類で合致する。この「夜《よ》」と「良《よ》」の甲類乙類の別は、上代特殊仮名遣いのオ段甲類乙類の別を（語の意味を弁別する）音素としての対立の反映とみる研究者がしばしば根拠にあげるところである。最近に得られた資料では、二〇〇八年一一月に公表された京都府木津川市《きづがわし》馬場南《ばばみなみ》遺跡出土木簡「阿支波支乃之多波毛美智《カ》」は、『万葉集』の巻一〇の二二〇五番歌「秋はぎの下葉もみちぬあらたまの年の経行けば風をはやみかも」の初句と一致する可能性があるが、三字目四字目が「萩」なら「支」はギの上代特殊仮名遣いの違例になる。遺跡の年代は七五〇年以降である。

なぜ上代特殊仮名遣いに違例が生ずるのか。従来、この現象は、上代特殊仮名遣いに反映している音韻の史的変化の観点と、表記する場の相違からくる書きわけ態度の観点、そして、両者を関係付ける観点から説明されてきた。甲類乙類のイ段エ段オ段音が八世紀に入ると合流して一つになる動向があったようにみえること、語義の伝達に支障をきたさない範囲で甲類乙類の別を越えて常用の字体を代用する事情、そしてそのからみ合いを想定して説明されてきたのである。その想定にたつと、七世紀には八世紀よりも上代特殊仮名遣いが厳密に守られていたことが期待される。『古事記』と『万葉集』巻五にみられるモ甲類乙類の区別を古い音韻もしくは表音的仮名遣いの残存と解釈した論考（有坂秀世「古事記に於けるモの仮名の用法について」『国語と国文学』九巻一一号一九三二年一一月、池上禎三「古事記に於ける仮名『毛・母』について」『国語・国文』二巻一〇号一九三二年一〇月）は、その期待を前提にして立論されている。

　従来の論考に関して、もう一つ指摘しておくべきことがある。ある時期まで、多くの研究者が、上代特殊仮名遣いに反映している音韻の区別を音素論《おんそろん》的対立ととらえていた。イ段エ段すべての甲類乙類の別に対応して意味領域の弁別を記述しようとした泉井久之助《いずいひさのすけ》の論考（『言語の構造』紀伊国屋出版　一九六七年第二部）は、その極致である（拙稿「古代語の音韻」『国文学解釈と鑑賞』四八巻六号一九八三年四月参照）。しかも、それらもしくはその前身の音韻体系が母音調和《ぼいんちょうわ》をなしていた可能性を証明することが有意義とされる傾きがあった。提言者自身が「法則というより傾向」と謙虚に述べていたものを「有坂《ありさか》法則」なる堅固な音韻規則に仕立てたり、モンゴル語や朝鮮語に実在する母音調和の体系に合致させようとしてウ乙類が存在した根拠を鎌倉時代の写本にもとめたのは、その方向の定向進化であったと筆者は見ている。今日では、イ段エ段の甲類乙類の別は語の形成にかかわる形態音韻論《けいたいおんいんろん》的な性格ととらえるのが常識であろう。残された議論は、オ段の甲類乙類の別が音素論的な対立か、語の意味の弁別にかかわらない異音《いおん》だったのかである。筆者は後者の立場に属する。

七世紀にもトという音節は音素論的には一つだったと仮定すれば、「年」のトに「刀」をあてる表記があっても良いことになる。繰り返しになるが、上代特殊仮名遣いの違例か否か問題になる七世紀の例が今のところこれ一つだけなので考察に慎重を要する。次の節の記述は仮定の上にたつ。

五　聞き取った音の表記と語の表記法と

五世紀の日本の金石文における固有名詞類の表記、さかのぼっては中国の史書類における日本語の表記は、耳にした音にできるかぎり近似した字音をもつ漢字をあてるのが原則であったろう。仮借《かしゃ》の方法である。そのなかで、同じ語あるいは同じ音を書きあらわす経験が積み重なれば、この語、この音はこのように書くのが普通という慣習が生じたであろう。六世紀後半から推古朝にかけては、その時期にあたっていたと筆者は考えている。体系的な書記方法はまだ成立していなかった。その後、木簡などの文書の作成量が増えるにつれて、慣習化がすすみ、七世紀の後半には、それぞれの語や音にあてる漢字の字体がかなりの程度に特定されていた、言い換えると、万葉仮名として常用される字体が固定化する傾向が生じていたであろう。

七世紀後半に万葉仮名として使われた字体の選択は、五世紀以来の使用経験の蓄積であり、それらの漢字が日本語の音韻にあてられるようになった経緯・事情は、重層的・複層的であったろう。古くから使われたものと新規のもの、朝鮮半島の用字から継承したものと日本列島で使われはじめたものが入り交じっていたに相違ない。それらを腑分けするのは今後の研究課題である。

トにあてられた万葉仮名の字体に即して、右に述べた状況を具体的にみてみよう。木簡などに使われているトの万葉仮名の字体は「止」が最も多い。次に多いのが「等」であるが、七世紀には使われていない。『万葉集』などには「登」も使われているが木簡にはあらわれない。この「止」はいわゆる古韓音《こかんおん》を媒介にして日本語のトをあらわしていたが、七世紀には漢字としての音よみがシに変化していたはずである。にもかかわらず使われ続けたのは、日本語のトに適合する字音をもつ漢字がなかったからである。「等」は母音部分が適合するが、呉音と漢音でトウと音よみするとおり、末尾に子音ŋをもつので、母音で終わる日本語の発音にあてることができなかった。その条件を押してトの万葉仮名として使われるようになった理由は、一つには「止」をシと音よみするのが一般化したため、もう一つには子音ŋを母音ウに訛って認識することが一般化したためである。それゆえ「等」が木簡など日常業務の文書で使われるようになるには八世紀を待った。そして、八世紀に入ってもなお、多くの場合「止」が使い続けられた。

七世紀中頃に難波宮の「はるくさ」木簡が書かれたとき、日本語のトには「止」をあてるのが常識的だったはずであり、「等」を選ぶ可能性はなかった。それでは「刀」はなぜ使われたのか。トの甲類乙類の別を音素論的対立とみるかぎり、「刀斯」と書けばトは甲類であって「年」の意には解釈できない。しかし、トの甲類乙類の別は異音の関係であったとの仮定にたてば、「年」の可能性は排除されない。オ段音が続くときは乙類になる傾向があるので「春草の」に連体修飾された「年」のトには乙類の音が期待される。しかし、一音一音を独立に認識して万葉仮名をあてた、あるいは歌唱上の問題で語頭相当の環境にあったとすると、一音節語や語頭語末の位置で甲類相当の音になりやすいという松本克己《まつもとかつみ》の指摘（『古代日本語母音論』ひつじ書房、一九九五年）に合致する。再三繰り返すとおり、あくまで仮定であるが、そうであるなら「刀」は母音で終わる音の漢字なので「等」よりも日本語のトの表記に適している。字形も簡略で木簡に使うのに向いている。

この「刀」の用例は出土資料にもう一つある。天平一七〜九年のものと推定される平城京木簡「田延之比等等、流刀毛意夜志己、呂曽」である。ここでは「刀」が助詞「とも」のトにあてられている。乙類のトが期待される位置である。「流」のウ段音に続いているので甲類相当の音に聞こえたと解釈することもできようが、筆者は発音を区別した表記ではないとみる。用《よう》字法《じほう》の問題として、三字目の「之《し》」に対して一三字目を「志《し》」に変えているのとともに、五、

六、七字目の「等」に対する「変え字法」になっているのである（拙著『上代文字言語の研究』笠間書院、一九九一年、第四部第二章参照）。

わずか二例の徴証からの憶測は慎まなくてはならないが、「刀」がト甲類で「止・等」がト乙類という使いわけは、木簡などの書記では、七世紀にも、八世紀にも、厳密に行われていなかった可能性がある。上代特殊仮名遣いの違例は特別でなく、通常のことだったという見通しがたつ。現象の指摘としては先にふれた毛利正守の見解と同じである。

その現象は、厳密であったのがゆるくなった結果なのか、はじめから厳密でなかったのか、重要な問題であると筆者は考える。毛利は解釈を述べていないが、筆者の見解を述べれば、はじめから厳密でなかった。上代特殊仮名遣いは、難波宮木簡が書かれた七世紀中頃には整備されていなかった。七世紀半ばまでは、右に述べたように、万葉仮名にいくつかの字体を常用する傾向は成り立っていたであろうが、「仮名遣い」とみなすことができるような体系性はなかった。上代特殊仮名遣いは、七世紀末から整備されはじめて八世紀の初頭に成立した万葉仮名の体系、極言するなら、『日本書紀』の歌謡・訓注の表記体系なのである。その『日本書紀』歌謡においても、周知のとおり「問ふ」「取る」のトの甲類乙類の別に明瞭なほころびがある。甲類のトフ・トルと乙類のトフ・トルとは意味が違っていたなどと理屈をこねなくても、整合しないのが現実だったと解釈すればそれまでであろう。

六　八世紀の「上代特殊仮名遣い」の実態

第一節末尾でもふれたが、『日本書紀』の歌謡は、当時の東アジアの文字文化の中に位置付けてみれば、国定の歴史書に記載された固有の韻文ということになる。『日本書紀』は、正格の漢文たらんとした文体で書かれ、当時の中国語で読まれることを意図している。記事に含まれる歌謡も、中国語の音韻で発音を再現できるように書かれなくてはならない。その具現化が『日本書紀』歌謡の万葉仮名体系である。七、八世紀の万葉仮名のなかで際だって個性的なその字体群は、当時の日本語音を、中国語の音韻体系の範疇、すなわち漢音を適用して書きあらわした結果である。今日の言語学の概念を用いるなら、当時の日本語音を音声として観察し「精密表音表記」の水準で書きあらわしたものである。そのとき、本文の記述と同じく、渡来人たちのなかでも漢字の学識の深い人たちが関与したであろうと自然に想像される。この考え方は、有坂秀世《ありさかひでよ》（『国語音韻史の研究』三省堂、一九五七年）にすでに発想があり、馬渕和夫《まぶちかずお》（『上代のことば』至文堂、一九七〇年、『古代日本語の姿』武蔵野書院、一九九九年など）らも述べてきたもので、筆者の独創でない。

『古事記』の歌謡の表記に関しては次のように筆者は考える。『日本書紀』歌謡に使われた万葉仮名と異なり、『古事記』歌謡に使われたそれは、万葉仮名の字体のなかで「はれ」の層に属するものではあるが、新奇ではない。たとえばガにあてるには「賀」を使っている。八世紀初頭、学識の深い人なら中国ではガよりもカにふさわしい音に変化したことを知っていたはずである。字形の要素の共有によって「加」と清濁の関係にあると理解しやすい用字を行ったのであろう。このように、『古事記』歌謡の万葉仮名と日本語音韻との対応関係は、「簡略表音表記」もしくは「音韻表記」の水準である。上代特殊仮名遣いが整然と行われているようにみえるのは、語の表記を整えた結果と解釈する。『古事記』の編纂態度全体が日本語として一元的に読解できることをめざしている。おそらく並行して編集されていた『日本書記』歌謡の上代特殊仮名遣いを参照しながら整備したのではないかと筆者は考える。そのように想定すると、モの甲類乙類の別が『古事記』歌謡に観察されて『日本書紀』歌謡には欠けることについて説明を要するが、それは、聞き取った音声の表記（紀）と語の書きわけ（記）との相違と解釈する。

『万葉集』の上代特殊仮名遣いを観察すると、記紀歌謡に比べて体系性のほころびが目立つ。それは、歌句を万葉仮名で書きあらわすとき、いちいちに日本語音に適合する漢字を選択したのではなく、学んだ用字法によったからであろう。うたを詠むことがたしなみとなり各種の宴席に自作歌を持参する慣習が確立するにつれて、貴族たち官人たちの間で、歌句を書くときに使う万葉仮名の字体におおよその共通性が成り立った。たとえば『万葉集』の巻五に収録された梅花宴歌群の表記に使われている万葉仮名をみると、全体としておおよその用字圏が想定できる一方で、詠み手による個性的な用字も存在する。

なお想像をまじえながら指摘するなら、マの万葉仮名「摩」は使用例が多くない。そのなかで、『古事記』歌謡における「麻」の補助字体としての使用と、『万葉集』巻五の山上憶良《やまのうえのおくら》の和歌における使用とが、まとまりをみせる。そして山上憶良の和歌には『古事記』歌謡と同じくモの甲類乙類の別が観察されるのである（憶良が『古事記』の編纂に関わったとの説に筆者はにわかに荷担するものではない。用字圏の共通性の指摘にとどまる）。

また、今みる姿の『万葉集』の和歌は漢字の訓よみによって表記されているものが多い。前後の訓よみする字の表意性に支えられて万葉仮名の上代特殊仮名遣いを放棄したかに見える例もある。たとえば巻一の四五番歌の「四能《しの》」は「…阿騎乃《あきの》大野尓旗須為寸《にはたすすき》◇◇乎押靡《をおしなべ》」という環境で「篠」のノ甲類の位置にノ乙類の「能」をあてた例である。

行政文書における漢字運用の様相を知るために籍帳《せきちょう》の人名に使われた万葉仮名をみておこう。古代日本の籍帳は美濃《みの》国戸籍とそれ以外に大別して観察する必要がある。

美濃国戸籍は大宝二年度（七〇二）の編纂であるが、同じ年の九州三国の戸籍と様式が全く異なる。人名を三段に書く様式は木簡の名籍類と一致する。上代特殊仮名遣いを観察すると、たとえば「女知賣」「米知賣」「目知賣」は同一の人名である可能性を持つが、「女」はメ甲類、「米」「目」はメ乙類である。これらが同じメチメの発音をあらわしているとすれば、書き手の意識にはメ甲類乙類の区別がなかったことになる。名の末尾に義務的に付けられている「賣」は、みかけの上で上代特殊仮名遣いのメ甲類に合致するが、表音表記ではなく慣習的な語表記とみて良い。また、武義郡に関係する姓「むげつ」のムゲは「武下」「武義」両様に書かれている。奈良県の石神遺跡から出土した木簡に地名「ム下評《むげのこほり》」があり、酒船石《さかふねいし》遺跡から出土した削り屑に人名「牟義君《むげのきみ》」があるのと並行の関係をなす。「義」はゲ乙類の万葉仮名である。「下」は『古事記』の「久羅下那洲《くらげなす》」に使われていて、用例がこれ一つなので確実でないが、通説はゲ甲類とする。とすれば、ゲ甲類乙類の区別もなかったことになる（およそ、動詞の活用語尾以外の位置でエ段音に甲類乙類の音韻の別があったか否か、筆者は疑っている〔拙著B第五章一．の末尾参照〕）。美濃国戸籍の万葉仮名には、「つ」「ム」などの略体字が含まれている。七世紀に日本列島に蓄積されていた漢字運用の伝統にたつものであろう。

　これに対して、九州三国の戸籍は、「岐」「許」「咩」など「はれ」の層の字体の万葉仮名を使っていて、上代特殊仮名遣いにほころびがみられない。ただし、その万葉仮名は、古事記歌謡のそれと似ていて、日本書紀歌謡とは異なる。「牧」を「枚」の異体字として使う慣習も保たれている（拙著B第五章二．参照）。書き手は住民の名の発音をいちいちに聞き取って表音表記したのではなく、人名用の用字を適用したのである。

　養老五年度（七二一）の下総国《しもつふさ》戸籍や奈良時代の計帳の万葉仮名は、役所で日常に使われていたとみられる字体を使い（拙著『漢字を飼い慣らす』人文書館、二〇〇八年、第九章参照）、美濃国戸籍と同様、エ段の上代特殊仮名遣いに疑問例がある。それが当時の行政現場における実態であろう。

以上のようにみると、木簡に書かれた歌句において上代特殊仮名遣いに合致しない例がめずらしくないのは当然であったと言える。書き手の官人たちは、日常業務で固有名詞を書きあらわすために習得した万葉仮名で歌句を書いた。『万葉集』の巻二〇に収録された下総国の防人歌の万葉仮名には、下総国戸籍の人名の用字と共通する特徴が存在する（拙著B第四章参照）。習得した用字法は、日本語の一音一音を独立に聞き取って音よみが近似する漢字を選択する方法ではなかったはずである。渡来人やその子たちであれば日本語の発音の細部の相違に敏感であろうが、日本語を母語として育った人は、特別な教育を受けないかぎり、語を書き文を書く意識で万葉仮名を使ったであろう。上代特殊仮名遣いに合致する場合があるのは、教えられたとおり書いたからにすぎない。

七　結語

上代特殊仮名遣いは、白村江敗戦がもたらした「特殊」な文字文化だった。適用された時期も範囲も、日本語史全体のなかでみれば限定的である。馬場南遺跡から出土した木簡の「秋はぎ」と読める語句は、四字目の「支」が上代特殊仮名遣いでギ乙類の位置に甲類の字体があてられた例である。しかし、木簡に日本語韻文を書くとき、ギ乙類にあてる字体「義」あるいは「宜」を使うのが、むしろ特殊な場合であった（拙著A第八章参照）。この木簡の書き手は自己の音韻認識に従って常用の「支」をあてている。その音韻認識は平安時代以降と同じだったことになる。七世紀にも、日本語を母語として育った人たちの多くは同じだった可能性がある。木簡などの書記で上代特殊仮名遣いの区別が厳密に行われなかった理由はそこに求められる。白村江敗戦を期に大和朝廷は日本の文字文化の改革をはかったが、その効果が目に見えてきたのは八世紀末である（拙著『漢字を飼い慣らす』人文書館、二〇〇八年、第五章参照）。漢音に象徴される新しい漢学が根付いたのだが、そのときには、漢字が日本語に adopt され、七世紀の史たちの学統の上に、仮名で書かれる文字文化が成立しつつあった。

付記　本稿の結論は重要な部分で藤井游惟《ふじいゆうい》『白村江敗戦と上代特殊仮名遣い』（東京図書出版会、二〇〇七年）の主旨と一致する。該書は「音声学」の研究として行われているので学界に承認されないが、うけとめるべき内容をもつ。ただし、本稿の結論は該書に筆者がふれる以前に成り立っていた。二〇〇八年一二月七日の木簡学会研究集会の討論で多田伊織《ただいおり》の質問に答えてその趣旨を発言している。

七世紀における文字文化の受容と展開

鈴木　喬

はじめに

古代国家形成において、文字利用が不可欠であることは言うまでもない。六世紀以降、さまざまな学問、技術が百済を中心に朝鮮半島から伝えられ、日本列島内へと浸透していく。仏教、儒教を中心とした学問・技術などの先進文化が漢字という媒体を通し伝来したことは容易に推測でき、朝鮮半島と日本列島との漢字運用における共通性もその影響関係のあらわれといえる。それらの文化の受容における大きな契機が古代東アジアの緊張関係であった。対外的な緊張関係は朝鮮半島との直接的な外交政策をとり、対外のみならず内政の充実へと転換させる。そのような緊張関係から生じた白村江《はくそんこう》《はくすきのえ》の戦は、その敗戦後、朝鮮半島から数千人規模の人が渡来、定住を果たした。それはともに文物、技術、信仰等、半島から大量の先進文化の流入をもたらすこととなった。大化の改新からの文化的受容の流れを加速させ、中央集権的な律令国家へ向かわせる大きな契機となったのである。以降の日本列島では、漢字による情報伝達が中央と地方を結び、文書行政の基盤を作り上げる。漢字文化圏における国家へと日本列島が急進的な発展を遂げるのである。この歴史的意義は日本語史においても非常に大きい。

時期を同じくして、七世紀において多様な文字資料が出現する。その資料の大半を占めるのが金石文である。本論考はそれら金石文を取り上げ、七世紀における文字文化の受容とその様相をみるものである。

一　文字資料の黎明期と金石文

日本語書記史の初期資料として稲荷山古墳《いなりやまこふん》出土鉄剣銘や隅田八幡宮《すだはちまんぐう》人物画像鏡銘等の金石文があげられる。しかし、これらの金石文は舶来のものや渡来人によるものであり、「日本語によって文字を記す」意での本質的な文字の使用としてはみることができない。またその後の日本列島において朝鮮半島からの渡来人が書記活動に多く従事していた。文字の担い手はそのような渡来人であったであろう。

七世紀に入ると日本人による使用がみられ、さらに飛躍的な発展をみせる。それまで土器などに一字、二字の記号のようなものや、固有名詞のみであったものが、七世紀には多種多様な文字資料が漢字文として出現する。それら一群の資料は「推古朝遺文《すいこちょういぶん》」と称され、書記史における黎明《れいめい》期資料として位置づけられることが多い。「推古朝遺文」の多くは金属や石に書かれた金石文である。「金石文」という用語や概念は書かれた多種の材を包含したものである。造像銘、石碑、墓誌など種類も多く、それぞれの持つ機能や用途なども異なる。また書かれる文章もそれら機能や用途と密接に関わる場合が多く、個別的な考察を必要とする。以降、金石文を造像銘、石碑、墓誌に分け七世紀における様相を確認する。（以降、金石文は狩谷棭斎『古京遺文』、上代文献を読む会編『古京遺文注釈』桜楓社、斎藤忠『古代朝鮮・日本金石文資料集成』吉川弘文館を参考）

二　造像銘

金沢英之《かなざわひでゆき》（金沢英之「金石文―五世紀の刀剣銘、七世紀の造像」『国文学　解釈と教材』四七―四、二〇〇二年）によると「推古朝遺文」のうち、当時の成立を想定できるものは法隆寺釈迦三尊像大光背銘（六二三年）および法隆寺小釈迦三尊像光背銘（六二八年）の二点とされる。七世紀前半のこれら二点の造像銘はともに「純漢文」である。「純漢文」とは中国古来の漢字の用法、字順に適合しているものをさし、「正格漢文」ともいう。また「純漢文」では解釈できない漢字文を「変体漢文」「和化漢文」などという。近年では「純漢文」との程度の違いとして「擬似《ぎじ》漢文」（乾善彦『漢字による日本語書記の史的研究』塙書房、二〇〇三年）、表記法上の種別を広く包含し、日本語文として読む様式の概念として「倭文体」（毛利正守「和文体以前の「倭文体」をめぐって」『万葉』一八五号、二〇〇三年）という指摘がある。本論ではこれ以上用語や概念の問題に立ち入らず、「純漢文」

と形態が異なるという意味で「変体漢文」の用語を採用する。
造像銘は、仏像の造立に関して、日時、発願者、発願動機などを記したもので仏像製作の由来が書かれたものである。年紀を持つものでは「甲寅年」（五九四）の金銅釈迦像光背銘があり、純漢文である。しかし、この銘文に記される「生生世世」「見仏聞法」の用語が日本列島に残存する他の造像銘にはなく、高句麗《こうくり》（辛卯銘金銅三尊佛光背（五七一年）、建興五年銘金銅光背（六世紀頃））の造像銘に見える。このことからも日本列島で製作されたのではなく、朝鮮半島（正確には百済）において製作されたものという説が支持される。国内で製作されたもので最古の年紀を持つものは「丙寅年」（六〇六）の菩薩半跏像銘である。

歳次丙寅年正月生十八日記高屋大夫為分韓婦夫人名阿麻古願南无頂礼作奏也
（歳、丙寅に次なる年の正月生十八日に記す。高屋大夫、分れにし韓婦夫人、名をば阿麻古とまうすが為に、願ひ南无頂礼して作り奏す）

「高屋」が「タカヤ」という和語を表記しており、訓の使用が認められる。「韓婦」という語は『日本書紀《にほんしょき》』欽明《きんめい》二年（五四二）七月の記事に「紀臣娶韓婦所生（紀臣の韓婦を娶りて生める）」と見え、東野治之《とうのはるゆき》（東野治之『書の古代史』岩波書店、一九九四年）は「朝鮮の女性」の意の「和風用語」とする。また同氏が指摘するように「年月日＋記」という日付の記し方も「辛亥年七月中記」（稲荷山古墳出土鉄剣銘）や「辛巳歳集月三日記」（山ノ上碑）等、多くの同時代の資料に見える。「夫人名阿麻古」に関して、沖森卓也《おきもりたくや》（沖森卓也『日本語の誕生　古代の文字と表記』歴史文化ライブラリー、吉川弘文館、二〇〇三年）は「典曹人名无利弖」（江田船山古墳太刀銘）や古代朝鮮の「己亥中墓像人名□□□」（順興邑内里壁画古墳墨書）から「〇〇名、〇〇」という形式を挙げ「古代朝鮮の俗漢文の流れを汲むもののように思われる」と指摘する。さらに「作奏」の「奏」は補助動詞としての用法として認められ、正格な漢字文には見られない用法である。これらの点からこの菩薩半跏像銘は変体漢文の特徴を持つとされる。

「丙寅年」は六〇六年、六六六年の可能性があり定かではない。他の金石文資料をみると七世紀中頃を境に変体漢文の特徴も持ったものが多くみられる。このような日本列島における漢字文の流れからみて、変体漢文の性格を持つこの造像銘は六六六年の可能性が高いように思われる。仮に六〇六年の作とみることが可能ならば、朝鮮半島の特徴を強くもつことから「和《わ》習《しゅう》」されたものとみるより、「韓化」されたものを取り入れた漢字文とみることができる。

次に「丁卯年」（六〇七）の年紀銘を持つ法隆寺薬師造像銘をあげる。七世紀初期資料の典型としてよく取り上げられるものである。

池邊大宮治天下天皇大御身労賜時歳
次丙午年召於大王天皇与太子而誓願賜我大
御病太平欲坐故将造寺薬師像作仕奉詔然

当時崩賜造不堪者小治田大宮治天下大王天皇及東宮聖王大命受賜而歳次丁卯年仕奉

（池邊大宮に治天下しし天皇、大御身労賜う。時に歳、丙午に次なる年なり。大王の天皇と太子とを召して、誓願ひ賜ひて、「我が大御病、太平ぎなむと欲し坐す故に、将に寺を造り薬師の像を作り仕へ奉らむ」と詔りたまふ。然れども当時。崩り賜ひて、造りあへたまはねば、小治田大宮に天下治しし、大王天皇と東宮聖王と大命を受け賜はりて、歳、丁卯に次なる年に仕へ奉りき。）

この造像銘には「丁卯年」（六〇七）の銘があるものの、東野治之（東野治之『正倉院文書と木簡の研究』塙書房、一九七七年）も指摘するように「天皇」号の表記があることから推古《すいこ》朝より新しい持《じ》統《とう》朝（六八七〜六九六年）以降のものとして位置づけられているものである。「大御」の敬語接頭辞や「労賜」「仕奉」「欲坐」などのような敬語補助動詞の使用など、この銘文は変体漢文としての特徴を色濃く示す。また「池邊大宮」「小治田大宮」と和語と漢字との対応がみられ、先の菩薩半跏像銘と同じく訓を利用した変体漢文の文章として位置づけることができる。

さらに七世紀後半になると法隆寺金堂四天王像銘（六五〇年頃）の「山口大口費上而次木閈作也」（「山口大口費を上として次木閈と二人して作る」）や観音菩薩立像銘（六五二）「児在布奈太利古臣又伯在□古臣二人志願」（「児なる布奈太利古臣、また伯なる□古臣、二人して志願す」）と返読の語順を使用しない文体があらわれる。造像銘に書かれる文体は製作される時代とともに、次第に「和習」

の度合いが進んだ表記がみられるようになる。

三　石碑

次に石碑についてみる。石碑は家柄や功績などを誇示、顕彰するものが多い。『万葉集』に次の歌がある。

大伴の　遠つ神祖の　奥つ城は　之流久之米多弖（著く標立て）人の知るべく

（『万葉集』巻一八・四〇九六）

この歌は『続日本紀』天平勝宝《てんぴょうしょうほう》元年（七四九）四月甲午の詔「国家護り仕へ奉る事の勝れたる臣たちの侍る所には表《しるし》を置きて、天地と共に人に悔しめず、穢さしめず治め賜へと宣りたまふ大命を、衆聞きたまへと宣る」に即して歌ったもので、「著《しる》く標《しめ》立て」は石碑の類を立てる意であるとされる。また「人に知るべく」とあるように、石碑は読む側を想定し、後世に残す意味合いも強いことが窺《うかが》われる。

日本列島において現存する最古の年紀を有するものは「大化《たいか》二年」（六四六）の宇治橋断碑《うじばしだんぴ》（京都府）がある。しかし、この宇治橋断碑は純漢文であるが、断碑であるとともに、延暦《えんりゃく》年間説があり定かではない。確実視されるのは「辛巳歳」（六八一）の山ノ上碑（群馬県）である。

辛巳歳集月三日記

佐野三家定賜健守命孫黒売刀自此
新川臣児斯多々弥足尼孫大児臣娶生児
長利僧母為記定文也放光寺僧

（辛巳歳集月三日記す。

佐野三家を定め賜へる健守命の孫、黒売刀自、此新川臣の児、斯多々弥足尼の孫、大児臣に娶ひて生める児、長利僧、母の為めに記し定める文也。放光寺僧。）

この文は、「佐野三家定賜」「母為記定文也」の語順や尊敬の補助動詞「賜」の使用から変体漢文の資料として位置づけられる。「方光寺」「僧」という仏教用語がみられる。同年代の石碑に儒家思想があらわれるとされる那須国造《なすのくにのみやつこ》碑（七〇〇年）がある。先に述べた造像銘は書かれるものが仏像であることから仏教と深く関わりをもつ。石碑においても、ただ文章を書き記すのではなく、仏教や儒教の素養と、それを刻むモノを作成する技術を必要としている。また山ノ上碑の形状や書かれる書体が新羅《しらぎ》の石碑のものと近似する箇所があり、『続日本紀《しょくにほんぎ》』天平神護《てんぴょうじんご》二年（七六六）五月条に、上野国の新羅人に対する賜姓記事があることから朝鮮半島、特に新羅人の影響を指摘する東野治之（東野治之『日本古代金石文の研究』岩波書店、二〇〇四年）の示唆的な説がある。

石碑の造立は古代中国、朝鮮半島において多く、文化的な発展を遂げていたと見ることができる。一方、日本においては、一一世紀に至るまで現存するものでは一八例にとどまる。これは日本における石碑の造立が文化として、以後発展するにいたらなかったことを示す。東野治之（前掲・東野治之『日本古代金石文の研究』）は「石碑文化」が日本において根付かなかった最大の理由を「識字率の少なさである」と指摘する。碑の造立は書かれた情報が民衆を含め不特定多数の人に発信されることを目的とする。受信される側が理解できなければ意味がなく機能を果たさない。事実、識字率が飛躍的に増加した近世以降では、さまざまな墓碑、記念碑、歌碑等が造立される。

近年全国各地で出土する木簡や墨書土器、文字瓦の資料から七世紀の文字の広がりが広範囲であったことを提示する。その上で山ノ上碑が東国の地で造立されたことの意義は大きい。橋《はし》本《もと》四《し》郎《ろう》（橋本四郎「古代の言語生活」『橋本四郎論文集　万葉集編』角川書店、一九七二年）が「七世紀後半から八世紀にかけて、記念碑や墓誌、骨蔵器の銘文などが全国的規模で出現する。予定された受け手は小範囲であっても、「語りつぎ言ひつぐ」意図が文字によって満たされる傾向の拡大を示す点で注目できる」と指摘するように、文字文化の担い手の全国的広がりや、漢字文への必要性が七世紀以降地方でも高まってきたことを示しているのである。

四　墓誌

最後に墓誌について触れる。墓誌は、被葬者の名前、経歴、卒去年月日などを刻記したもので、中国にその源流をたどることができる。日本列島においては火葬墓にともなうものがほとんどであり、火葬とほぼ同じ七世紀末から始まるとされる。紀年を持つものでは「戊辰年」（六六八）の船首王後墓誌《ふなおびとおうごぼし》が現存する最古のものである。内容の検討から天武《てんむ》朝以降に追葬されたものとされ、年紀通りの「六六八年」として認めるには問題がある。

（表）

惟船氏故　王後首者是船氏中祖　王智仁首児　那沛故
首之子也生於乎娑陁宮治天下　天皇之世奉仕於等由
羅宮　治天下　天皇之朝至於阿須迦宮治天下　天皇之
朝　天皇照見知其才異仕有功勳　勅賜官位大仁品為第

（裏）

三殯亡於阿須迦　天皇之末歳次辛丑十二月三日庚寅故
戊申年十二月殯葬於松岳山上共婦　安理故能刀自
同墓其大兄刀羅古首之墓並作墓也即為安保万

代之霊基牢固永劫之寶地也

（惟ふに、船氏故りにし王後の首は、是れ船氏の中祖王智仁の首の児、那沛故の首の子なり。乎娑陁宮に天の下治めたまひし　天皇の世に生まれ、等由羅宮に天の下治めたまひし　天皇の朝に仕へ奉りき。阿須迦宮に天の下治めたまひし　天皇の朝に至り、天皇其の才の異れ、仕へて功勲しきことを照見はし知らしめし、勅して官位大仁を賜ひ、品第三と為す。阿須迦天皇の末、歳、辛丑の次なる十二月三日、庚寅に殞亡りぬ。故、戊辰の年十二月、松岳山の上に殯葬る。婦、安理故能刀自と共に墓を同じくし、其の大兄刀羅古の首に墓の並に墓を作る。即ち万代の霊基を安保ち、永劫の寶地を牢固めむが為なり。）

この墓誌の「船首王後」は「王智仁」を中祖とする。「王智仁」は王辰爾《おうしんに》と同一人物とされる。「仁」「爾」は【ニ】の万葉仮名として使用されるが、「智」「辰」は同一人の異表記としては不審がある。しかし、古くは國語調査委員會『仮名源流考《かなげんりゅうこう》』の「辰歯音禅母に属し、智は舌音知母の文字なるに之を両用せるは不審に似たれど、同文母なる屒・䩞は舌音の知母に属し、帪・䟢・娠・振・震等皆舌歯音照母に属す。古音は多く他文母と組合ひたるものに残れること他に例多し。されば是亦、止・侈・至の類にて古音は舌音チニなりしなるべし」という指摘がある。『仮名源流考』の指摘の通り、「古韓音《こかんおん》」（漢字音の伝来に伴い、一時、朝鮮半島で定着したものが日本列島に伝えられたとされ「古韓音」と称される。「古音」とも。）と呼ばれる一層古い漢字音では『韻鏡《いんきょう》』にて歯音「ts」の子音に推定される「止」（ト）・「侈」（タ）・「至」（チ）等タ行での使用がみられる。

王辰爾は『日本書紀』において、欽明《きんめい》、敏達《びだつ》朝にかけてあらわれ、「烏羽之状《うばのふみ》」百済系渡来人である。欽明天皇一四年（五五三）七月の記事に「王辰爾を遣して、船の賦を数へ録さしむ。即ち王辰爾を以って船長とす。因りて姓を賜ひて船史とす。今の船連が先なり」と船連の始祖であることが書かれ、墓誌の「船首」「中祖」と合致する。「王智仁」は王辰爾の異表記であることは動かないであろう。すなわち、この墓誌は百済《くだら》系渡来者集団の墓誌として位置づけることができる。先の「辰」と「智」の通用も「古韓音」との共通性があるため、墓誌に関わる集団が百済系渡来者集団であることは興味深い。（このことは「古韓音」と呼ばれる日本の漢字音と朝鮮半島の借音表記との関わりを見る必要がある。近年、朝鮮半島において木簡の出土が多く報告されており、「古韓音」と「朝鮮漢字音」との比較考察は実証段階に達しているといえる。別考の用意があるため本論ではこれ以上立ち入らない）。

銘文は純漢文で書かれ、また尊者に対する敬意表現として、「天皇」「治天下」「勅」の前に空格がみられる。「王智仁」「安理故能刀自」という同族父祖の前に欠字がみられ、敬意の表れが血族にまで及んでいることがわかる。このような敬意の空格の表現は日本列島の同時代資料にはみられない為、純漢文の文体とともに墓誌の「晴《は》れ」の書記場面に合った一種の権威付けのような意図的な表現とみることができる。「漢字によって構成された文體は各作品（或は各巻）の筆者の持つ表現如何によつて變はる」という小島憲之《こじまのりゆき》（小島憲之『国風暗黒時代の文学 上 ―序論としての上代文学―』塙書房、一九六八年）の指摘があり、これも一つのあらわれであろう。『日本古代の墓誌』（奈良国立文化財研究所飛鳥資料館編『日本古代の墓誌』同朋舎、一九七九年）では欠格の用法がこの墓誌の製作年代を下降すべき根拠としてあげられる。

固有名詞の借音表記においても興味深い点がある。それは同時代の資料で一般的な万葉仮名とは異なった用法がみられるのである。船首王後墓誌の「故」（コ甲）、「安」（ア）、「理」（リ）は、同時代資料ではそれぞれ「古」、「阿」、「利」を使用するのが一般的である。この墓誌には『日本書紀』以外に使用が見られない「漢音《かんおん》」とよばれる一層新しい漢字音「沛」（ヘ）、「娑」（サ）の万葉仮名としての用法が見られる。

『日本書紀』天武《てんむ》一一年（六八二）三月の記事に、遣唐使であった境《さかいべの》部《むらじ》連《いわつみ》石積等に『新字《にいな》』という字書の編纂を命じた記述がある。犬飼《いぬかい》隆《たかし》（犬飼隆「「烏羽之表」事件の背景」『愛知県立大学文学部論集』国文学科編第五七号、二〇〇九年）が指摘するように新しい文字を積極的に取り入れようとする国家的な政策のあらわれである。船首王後墓誌にみられる新しい漢字音の使用もこのような遣隋使、遣唐使等からもたらされた先進文化の反映の一端とみることができる。

また徳島県の観音寺《かんのんじ》遺跡から出土した木簡に左記のものがある。

麻殖評伎珥宍二升（『観音寺遺跡Ⅰ』四号木簡）

「伎珥」は「雉《きじ》」をあらわすとされる。「珥」を【ジ】の万葉仮名として使用するのは漢音によるものである。観音寺遺跡は、八世紀には阿波国府が置かれ、阿波国造氏族の本拠地に位置する遺跡とされる。また同遺跡からは『論語《ろんご》』が書かれた木簡や字書の一部と思われる木簡が出土しており、地方豪族が積極的に漢字や儒教を取り入れようとしていたことがうかがわせる遺跡である。このような遺跡から漢音による万葉仮名がみられることは、七世紀末の段階において漢音の使用が地方においても広がりをみせていたことがわかる。また漢音による万葉仮名が『日本書紀』、船首王後墓誌と「晴れ」の場面に使用されるのに対し、この「珥」は木簡という日常普段の場面で使用されている。地方と中央との漢字受容のずれであるとともに、地方における試行錯誤の過程ととらえることができる。

「船氏」一族には『天皇記《すめらみことふみ》』『国記《くにつふみ》』に携わった船《ふねの》 史《ふひと》恵釈《えさか》や唐留学後、大宝律令の制定に携わったとされる白猪《しらいの》 史《ふひと》宝然《ほね》がおり、墓誌を作製した背景には先進的知識を持つ集団を想定できる。これら借音表記に使われる万葉仮名の用字も純漢文の文体や敬意の空格と同様に「晴れ」の書記場面として意図的に表現されたものとみることができる。

また下《しもつ》 道《みちの》圀勝《くにかつ》圀依《くにより》母《はは》夫人《ふじん》骨蔵器（七〇八年）に則天文字である「圀」字がみえる。則天文字《そくてんもじ》は則天武后《そくてんぶこう》の時代（六八九～七〇五年）に公布された字であり、このような新字が墓誌に見られるのも「晴れ」の書記場面であったからであろう。

尚、船首王後墓誌を含め文祢麻呂《ふみのねまろ》墓誌（七〇七年）、山代《やましろの》 真作《まつくり》墓誌（七二八年）、行基《ぎょうき》骨造器断片（七四九年）と渡来系氏族に出自を持つ墓誌が多い。下道圀勝圀依母夫人骨蔵器の被葬者下道圀勝は遣唐使として有名な吉備真備《きびのまきび》の父であり、また『古事記《こじき》』の撰者の太安萬侶《おおのやすまろ》の墓誌もある。先進文化に接する機会が多い人物ばかりである。出土地域も畿内周辺に限定され、東国にはみられない。火葬という新規の葬送様式のあり方と並行して、墓誌という先進文化の受容範囲が極めて限定的であったことがうかがえる。

まとめ

造像銘は石碑や墓誌に比べ日本列島に早くから展開する。造像銘は仏像の光背などに書かれるもので、仏教の受容、信仰と深く関わりを持つ。内容も祈願に関わるものである。他の金石文に先行するのは仏像という仏教の信仰に直接関与し、仏教の受容にともない半島で製作された仏像ももたらされたと考えられる。また初期の造像銘には純漢文の度合いが強く、七世紀末に次第に「和習」された変体漢文の度合いが強くなる。

石碑は造像銘に比べ、変体漢文の度合いが初めから強い。それは造像銘に比べ後発的に展開したためである。石碑の機能は広い読み手を想定する。先祖の事績を顕彰し、氏族の団結を示す。また地方である東国で展開を見せる。内容が仏教、儒教を背景とするものが多く、地方における先進文化の浸透がみてとれる。そこには七世紀における渡来人の移住が関係しているのであろう。

火葬という新規の葬送様式と関連する墓誌は先進的な文化の様相を顕著にあらわす。出土地域、被葬者など極めて限定的である。中でも船首王後墓誌は「晴れ」の場面での書記用法を意識し、敬意の空格を用いる。同様に同時代の他資料では見られない新しい漢字音を利用し、意図的な表現をみせる。

このように七世紀前半の造像銘、石碑、墓誌の金石文は、仏教関係のものや仏教や儒教など学問を背景に持つ内容が多く、仏教や学問の受容と文字が不即不離の関係であった。先進文化の受容は、同時に文字の浸透を促したのである。

石碑、墓誌の金石文は前述のように七世紀を契機として日本列島に姿をあらわす。金石文の場合書かれる「モノ」が必要となる。文を作る技術に加え、他に石像物を作る技術を持つ工人が必要となる。文字史における七世紀を人の文物、技術の流入との関係で位置づけることができる。先進文化の受容に伴う文字の浸透文字文化の発展が七世紀を待つ理由として、このような先進文化の流入がやはり背景にあると考えられる。

七世紀以降、漢字は日本語を書き記す文字へと変容していく。「七世紀」という時代を政治情勢や社会的変革を文字史と関連づけて述べる事に関しては山口佳紀《やまぐちよしのり》（山口佳紀『古代日本文体史論考』有精堂、一九九三年）の「日本語のための文章を書くという自覚的な営みは大化改新以後に始まる」という指摘もあり、「大化の改新」という政治的契機も看過できない。また七世紀には白村江の戦も文物の流れとして大きな契機となりえた。一つの政治的、社会的要素を文字受容の契機として見るのではなく、七世紀という時代の大きな流れとして見るのがよいのかもしれない。

文字の普及の問題は近年出土の木簡や文字瓦によって比較的早い段階から地方への広がりをみせていたことが明らかになりつつある。一方でそれを文字の普及と短絡的に結びつけることに関しては否定的な意見もある。むしろ先進文化の流入と文字使用における機会の広がりに注目すべきなのであろう。機会が広がる一方、地方を含め日本列島各地において文字で記すことへの必要性が高まっていった。そのような必要性の中でこそ七世紀以降の先進文物の流入が起爆剤となり、七世紀後半の急進的な文字文化の発展へと繫がると考えられる。

古代朝鮮半島と日本の異体字研究―「部」の字を中心に―

方　国花

はじめに

古代朝鮮半島と日本は、中国から漢字を導入した。しかし、同じ漢字文化圏に属する古代朝鮮半島や日本、中国における漢字の用法を比べてみると、中国の影響だと明確に言えるものもあれば、古代朝鮮半島、日本などの周辺国家や敦煌《とんこう》・居延《きょえん》などの西北辺境地域だけに見られる用法も存在する。地理的条件から言うと、敦煌・居延は中国の西側に位置し、朝鮮半島と日本は東側に位置している。さらに日本と中国は朝鮮半島を間に挟んでいる。そこで、中国の文字文化は朝鮮半島を経由して日本に伝わる可能性が高くなる。実際、古代日本の文字文化は、古代朝鮮半島の影響を強く受けているという説が多くの研究者によって出されている。

中でも「部」の異体字については、古代朝鮮半島や日本に同じ字形が見られ、以前から注目されていた。他にも居延・敦煌のような西北辺境地域にもそのような用例がみられるが、中国の内陸部では今のところ確認されていない。

「部」の異体字にはいくつもの字形がみられるが、便宜上「ア」「マ」「ゆ」「阝」の四種類に分ける。そして、以下それぞれ「ア」形、「マ」形、「ゆ」形、「阝」形と呼ぶ。

本稿では、金石文や木簡などにみられる「部」字の使用例を取り上げ、古代朝鮮半島と古代日本の文字資料に見える漢字使用の共通点と相違点を探ってみたいと思う。

一　先行研究の整理

「部」の異体字については、以下のようないくつかの説がみえる。

東野治之《とうのはるゆき》氏は、日本での「ア」形の用例を見ると、某部という部民の名称に使われている場合が圧倒的に多いことを指摘している。そして、日本の部民制は百済の五部制の影響を受けているとする（東野治之「異体字を考える」青木和夫編『文献史料を読む・古代』朝日新聞社、一九九〇年）。「ア」形の起源については、中国か朝鮮か明らかにしえないが、居延漢簡に「ア」が見え、中国起源の可能性もあるとしている（東野治之『書の古代史』岩波書店、一九九四年）。また、「ゆ」形については、「部」の草書体に似ているため、「部」の草書体からできた字形だと言うことができると述べ、「ア」形については「部」の旁を独立させてできた異体字であると述べている（前掲・東野治之「異体字を考える」）。

平川南《ひらかわみなみ》氏は、新羅の城山山城木簡《ソンサンサンソン》が「ア」形であることを取り上げて、「日本においては七世紀代の飛鳥京《あすかきょう》跡出土二七号木簡、石神《いしがみ》遺跡出土の刻書された須恵器《すえき》、長野県屋代《やしろ》遺跡群出土一三・一九・三二号など、すべて「ア」の字形である。一方、同じ屋代遺跡群出土の八世紀前半の六九号木簡は「マ」の字体である。…六世紀半ばの城山山城木簡は、おそらく八世紀（前半）以前の日本の木簡に強い影響を与えたと考えられ、古代日本の木簡研究にとって欠かすことのできない貴重な資料群といえよう。」（平川南『古代地方木簡の研究』吉川弘文館、二〇〇三年）と述べている。

これに対して、李鎔賢《イヨンヒョン》氏は、「ア」形は高句麗に起源し、それが百済に伝わり、また日本へ流れたとしている（李鎔賢「韓国古代木簡研究」高麗大学校大学院韓国史学科博士学位論文、二〇〇一年）。

次に、犬飼隆《いぬかいたかし》氏は、日本における字形の変容を取り上げて、七世紀前半の観音寺《かんのんじ》遺跡木簡に「大卩」と書かれたものがあるが、後に、次第に横に曲線的に書き崩され、観音寺木簡のなかでも八世紀前半のものは「マ」の形になっていると指摘している（犬飼隆『木簡による日本語書記史』笠間書院、二〇〇五年）。

西崎亨《にしざきとおる》氏は、「部」の異体字を意字としてのものと借音仮名としての用例に分けて列挙し、個々の字形の時代的・文献的性格について述べている（西崎亨「認識的異体字論―「部」の異体字を例として―」『武庫川女子大紀要（人文・社会科学）』四五号、一九九七年）。それを筆者の理解によって簡単にまとめると次のようである。「ア」字形の見られる資料は七世紀・八世紀前半期に限っていて、

「マ」字形は七世紀の資料には見られず、八世紀以降になって見られるもので、「ゆ」で翻字した字は「部」の草体で、八世紀以降になって見られるものである。これらの字形は、古代においては部姓の人名表示の「某部」に限って見られる。

「部」の異体字使用について、先行研究で分かっていることをまとめると次のようである。第一に、古代日本での「ア」形の使用は、朝鮮半島から渡ってきた可能性が高い。新羅の影響とする意見と百済の影響とする意見が見えるが、まだどちらかに決めることは難しく、一言で、朝鮮半島の影響と言うことができるだろう。第二に、古代日本での「ア」形は、某部という部民の名称に使われている場合が圧倒的に多い。第三に、日本では「ア」形が主に七世紀に使われていて、八世紀になると「マ」形が主に使われるようになる。

上記の諸氏の説は、異体字に焦点をあてて、個々の資料での異体字の使用状況・使用理由について述べたものである。しかし、筆者は異体字だけでなく、正字との比較も必要だと思う。なぜなら、西崎氏が「御野国《みののくに》大宝《たいほう》二年戸籍からみると、戸籍のような公の文書においては正字で表記するのが正書法である。」（前掲・西崎亨「認識的異体字論――「部」の異体字を例として――」）と指摘しているように、正字との比較で異体字の使い方が一層明確になるからである。また、資料自体の性格も考慮する必要がある。他にも、「ア」字形の起源や、八世紀の日本で「マ」字形が主に使われるようになった理由など、未解決の問題はまだ多く残っている。筆者はこのような点に注目して、古代朝鮮半島における「部」字の用例と古代日本での用例を比較し、「部」字の使用状況について再検討する。

二　古代朝鮮半島における「部」の使用

古代朝鮮半島の高句麗、百済、新羅三国における、それぞれの国においての「部」の用い方をまとめると表1（181頁）のようである。表1全体から見出せることは、高句麗、百済、新羅の三国とも、正字の「部」と略体字の「ア」の両字形を使用していたことである。しかし、国別にみていくと、高句麗においては、高句麗のものと断言できるような木簡が見つかっておらず、金石文の用例しか確認できないが、「平壌《ピョンヤン》城《ソン》石刻《せっこく》」以外は正字の「部」で書かれている。百済では、金石文の欄をみると、全部で一五例確認されるなか、正字「部」は三例しかなく、残り一二例は全部「ア」形で書かれている。木簡の欄をみると、扶余《プヨ》陵山里《ヌンサンリ》木簡だけが、正字で書かれている。新羅の場合は、金石文は全部正字で書かれているのに対し、木簡の用例をみると、咸安《ハマン》城山山城の例、一例しか検出されなかったが、異体字の「ア」形が用いられている。「部」字の使用状況を、書写された資料の性質と比較して考えてみると、一言で言えば、公式の文字資料には正字「部」を使い、日常の文字資料には異体字「ア」形を使う傾向がある。この現象が最も顕著に現れたのが新羅の用例で、フォーマル度の高い文字資料である金石文には正字、フォーマル度の低い文字資料である木簡には異体字というように明確に使い分けている。高句麗は、木簡での用例を確認することができなく残念だが、金石文で確認すると、一例を除く他の用例は全部が正字「部」で書かれているので、ここでも公式の文字資料には正字「部」を使う傾向があると言えよう。百済は、木簡には正字が一例しか使われていないので、木簡の場合は日常の文字資料に異体字を使う傾向があると言えそうである。金石文の場合は異体字がほとんどなので、上の説がくずれそうに見える。しかし、これらは標石《ひょうせき》や瓦銘《がめい》の用例である。金石文の中でも石碑はフォーマル度の高い文字資料と呼べるが、標石や瓦文字はフォーマル度の低い日常のものに近いと考えられる。標石や瓦の文字はメモ用に書かれたものであり、木簡と性格が近いと言えよう。そうすると、百済の場合も、日常の文字資料には異体字を使う傾向があると言え、上の説は成り立つことになる。では、古代日本の場合はどうなのか。

三　古代日本における「部」の使用

まず、金石文に書かれている「部」の例を挙げて検討してみよう。六世紀後半の「額田部臣《ぬかたべのおみ》」銘円頭《えんとうの》 太刀《たち》に「ア」がみられるが、これはおそらく日本においての最古の例であろう。七二四年に設置された「多賀城碑《たがじょうひ》」、七六三年の「矢田部益足買地券《やたべのますたりばいちけん》」、七九〇年の「熊本《くまもと》 浄水寺《じょうすいじ》石碑《せきひ》」などには正字の「部」が使われている。しかし、群馬県八幡村《やわたむら》の「金井沢碑《かないざわひ》」（七二六）

の碑文を見ると、「部」形と「マ」形の両方が書かれている。

金井沢碑

上野国羣馬郡下賛郷高田里
三家子孫為七世父母現在父母
現在侍家刀自他田君目頬刀自又兒加
那刀自孫物部君午足次 刀自次乙
刀自合六口又知識所結人三家毛人
次知万呂鍛師礒マ君身麻呂合三口
如是知識結而天地誓願仕奉
石文
　神亀三年丙寅二月二十九日

（『古代の碑―石に刻まれたメッセージ―』国立歴史民俗博物館、一九九七年による）

碑文は、「上野《こうずけ》国群馬《くるま》郡下賛《しもさね》郷高田《たかだ》里三家《みやけ》の子孫、七世の父母現在の父母の為に、現在侍る家刀自《いえとじ》、他田君目頬《おさだのきみめずら》刀自、又児加那刀自《かなとじ》、孫物部君午足《もののべのきみうまたり》、次に𩡧《ひづめ》刀自、次に乙𩡧《おとひずめ》刀自、合せて六口、又知識に結べる人三家毛人《えみし》、次に知万呂、鍛師礒部君身麻呂《かぬちいそべきみみまろ》合せて三口、かく知識に結びて、天地に誓《の》み願《こ》い奉る石文。神亀三年丙寅二月二十九日」と読むことができる。碑文には九人の人名と家族構成を示す「兒」や「孫」などが見え、従来から注目されていた。文字の判読や系譜に関してはいくつかの説が出ているが、碑文に出てくる人名を「現在侍家刀自」以下の六人グループと「知識所結」以下の三人のグループに分けられるのは確実である。「物部君午足」は六人のグループ、「鍛師礒マ君身麻呂」は三人のグループに所属している。同じ「部」の字だが、所属するグループの違いによって字形を変えている。つまり、変字法が使われているのである。変え字法とは、同一句または類似句の反復において、多数の反復字中に、少数の文字だけをことさらに変えて用いる一種の用字法である（高木市之助「変え字法に就て」『高木市之助全集　第一巻　吉野の鮎・国見攷』講談社、一九七六年）。

このように、古代日本の金石文においては、「額田部臣」銘円頭太刀と「金井沢碑」以外は正字の「部」を使用している。「金井沢碑」にはグループの違いを示すために変字法が用いられたと考えられるが、もし二つ目のグループがなかったら「マ」は使われなかったであろう。となると、「金井沢碑」は例外ではなくなる。「額田部臣」銘円頭太刀は六世紀後半のもので、他の金石文の年代は全部八世紀という点で異なり、その時代性と関係があるかもしれない。古代日本は五世紀末に百済から部民制を導入し、同時に部の略体字「ア」形の用法も取り入れた可能性がある。六世紀はこの部民制が根付いたばかりの時であろう。これに対し、八世紀になると、遣隋使・遣唐使が中国の文字文化を直接伝えるようになるので、異体字ではなく正字を使うなど漢字の使用法に変化が生じるようになる。要するに、「額田部臣」銘円頭太刀は朝鮮半島の影響で「ア」形が使われていて、「金井沢碑」は変字法によって二例中の一例を意図的に異なる字形にしているが、金石文のような正式な文字資料にはやはり正字を使う傾向があったようだ。

次に、木簡での使用例を確認してみよう。七世紀の木簡資料における、「部」の使用状況を『飛鳥藤原京木簡一―飛鳥池・山田寺木簡―』(奈良文化財研究所編『飛鳥藤原京木簡一―飛鳥池・山田寺木簡―』解説・図版、第七九冊別冊、二〇〇七年)で調べてみると、九一九号木簡だけが正字の「部」で書かれているのに対し、他のものは「ア」形で書かれている。同書の「解説」によると、「正字「部」の使用は七世紀には珍しい。この場合の「部」は某部とは直接の関係がないと思われる。七世紀木簡では某部は略体字の「ア」を用いるのが一般的で、文字の使用方法に使い分けがあった可能性がある。」と述べている。九一九号木簡は、横材の削屑《けずりくず》で、複数の字が見られるなか、「部」字しか判読されなく、どういう文脈のなかで使われたのかが不明である。

八世紀の木簡においての「部」の使用状況を奈良文化財研究所作成の「木簡画像データベース」で確認してみよう。八世紀の平城宮《へいじょうきゅう》(京)木簡の「部」字を調べてみると、全部で一九九例確認される。そのなかで正字の「部」は八四例で最も多く、次に多いのが「マ」形で七四例、「ア」形はそれに比べると少なくなって二一例で、「阝」形が三例見られるほか、不鮮明で判読不可能な字が一七例ある。このことから、八世紀になると、正字である「部」の用例が増え、七世紀に主に使用されていた「ア」形に取って代わって、「マ」形が多用されるようになったことがわかる。

八世紀の紙に書かれた文字資料で確認してみても同じ結果が得られる。「正倉院文書《しょうそういんもんじょ》」における「部」の使用状況を、まず『正倉院文書拾遺』（国立歴史民俗博物館編、便利堂、一九九二年、『正倉院文書拾遺』は正倉院宝庫外にある「正倉院文書」を集めたものである。写経所文書、律令公文類、造寺造仏文書など幅広い分野のものを集めているので、「正倉院文書」の大まかな傾向を掴むことができる。）で確認してみると、正字の「部」は二一〇例見られるが、異体字は十九例しか確認できない。これもやはり、八世紀においては、正字「部」の使用例が圧倒的に多いことを証明する。

また、『正倉院古文書影印集成』（一〜四）（八木書店、一九八八年）で、公的なものと思われる律令公文類における「部」の使用状況を確認すると、正字「部」は二二一一例も見えるが、異体字の「マ」形は一〇例、「ア」形は一例しか確認できない。つまり、公的な文字資料においては、正字を使用する傾向が見られる。一方、律令公文類に比べるとフォーマル度の落ちる写経所文書においての某部の表記を調べると、正字「部」が三一四例、「マ」形が一九五例、「ア」形が五例使われている。他にも「部」が使われている箇所があるが、それは一部、二部のような助数詞としての用例である。「部」が助数詞として使われる時には、すべての用例が正字「部」で書かれている。このことから、比較的にフォーマル度の低い写経所文書においても正字の使用例が高いが、律令公文類に比べると異体字の使用例がずっと高くなっていることがわかる。つまり、公的な文字資料においては、正字をよく使う傾向がある。

四　「マ」形への変化

『正倉院古文書影印集成』（五）（八木書店、一九八八年）「第十五巻　写疏所解《しゃしょしょげ》」には図1のような箇所があり、七世紀に主に使用されていた「ア」形がなぜ八世紀には「マ」形へと変わっていったのかという理由について一つのヒントを教えてくれる。図1を見ると、「若万呂《わかまろ》」の「万呂」が「ア」に似た字形で書かれていて、「占部《うらべ》」の「部」は「マ」に似た字形で書かれている。このような例は「正倉院文書」の写経所文書の中にたくさんある。このことから、人名によく用いられる「万呂」を「ア」に略して書くことで、部の略体字「ア」と衝突することになり、従来使われていた「ア」形の最後の一画を短くして「マ」と書くようになったのではないかと考えられる。また、その逆、つまり、「部」の略体字を「マ」と書くようになったことで、「万呂」を「ア」で書くことができるようになったとも考えられるが、いずれにしても「部」の略体字を八世紀に「マ」と書くように

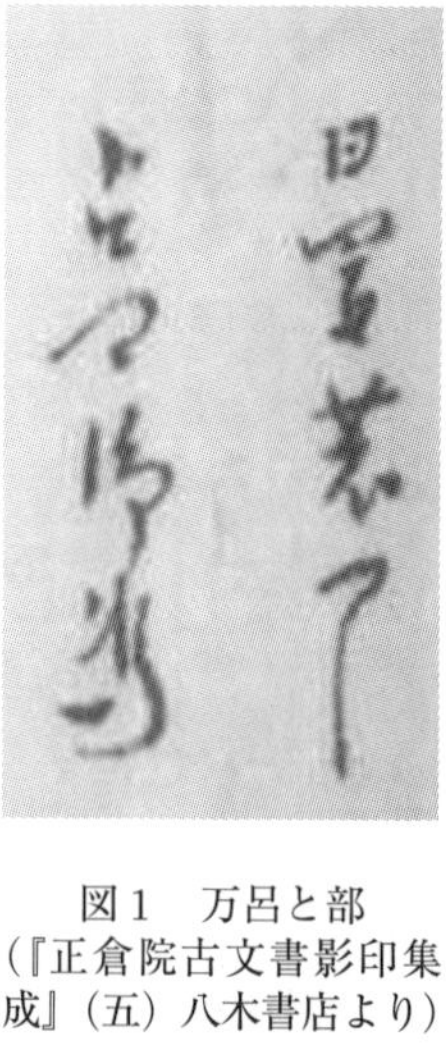

図１　万呂と部
（『正倉院古文書影印集成』（五）八木書店より）

なったのは、「万呂」を「ア」に略して書くことと関係があると思われる。

　この現象は、「正倉院文書」だけでなく、木簡にも類例が見られる（図2参照）。下部に「石部衣万呂」という人名が見られるが、「部」は「マ」に近い形で、「万呂」は「ア」に近い形で書かれている。一方で、「部」を「ア」に略して書いている例をみると、図3のように、「万呂」

図2　平城宮449号木簡（奈良文化財研究所木簡データベースより）

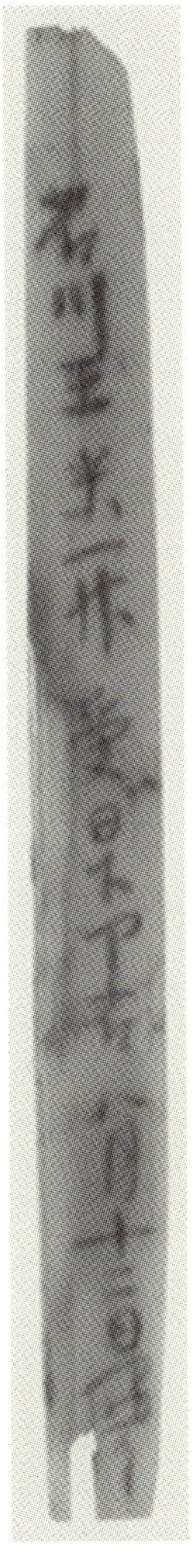

図3　長屋王家1853号木簡（奈良文化財研究所木簡データベースより）

は「ア」に略されるのではなく、「万」と「呂」を繋げた行書体で書いていることで、同形となるのを避けている。ということで、木簡においても、「万呂」を「ア」に近い字形に略して書く用例が確認でき、日常の文書行政においてはしばしばこのようなことが行われていたに違いない。それで、「部」の略字は「ア」形から「マ」形に変えて表記するようになったのではないだろうか。

なお、「万呂」が「⻏」に近い形で書かれている例も少なからずある。例えば、平城宮出土の三二四号木簡に「海部首万呂」という人名が見えるが、「部」は「マ」形に、「万呂」は「⻏」形に略して書かれている。また、「正倉院文書」にも「部」を「⻏」形に略して書かれている例が多々ある。「戸」の字を「⻏」に略して書くことも含めて考えると（中村友一「龍角寺五斗蒔瓦窯跡出土の文字瓦—平瓦Ⅱ類を中心に—」『古代学研究紀要』第三号、二〇〇七年）、「部」の略体字を「⻏」で書く例が少ない理由も説明できるのではないか。

このように、七世紀の古代日本では「部」字を主に「ア」形で表記していたが、八世紀になると「マ」字形が多用されるようになる。それは、「万呂」を「ア」に略して表記するようになったことと関係すると思われる。「部」の略体字の一つである「⻏」字形の用例が少ないのも「万呂」と関係するだろう。また、古代日本では、古代朝鮮半島では使わなかった「マ・ゆ・⻏」字形を使用していたのが特徴と言えよう。しかし、公式の文字資料においては正字を、日常の文字資料においては異体字を用いるという点では共通する。

おわりに

以上、古代朝鮮半島と古代日本の「部」の使用例についてみてきた。古代朝鮮半島では、「部」の異体字に「ア」形しか使わなかった。日本でも、七世紀までは主に「ア」形を使用していた。これは、五世紀末に百済の部民制と共に「部」の異体字の用法も日本に伝わってきたからであろう（前掲・東野治之「異体字を考える」）。しかし、八世紀に入ってからは異体字のバリエーションが増え、「マ」「ゆ」「阝」などの字形が出現しはじめた。八世紀以降から、朝鮮半島の「影響」から脱しはじめ、自国風に漢字の用法を発展させ、その結果、「マ」「ゆ」などの字形が出現したと推測する。なお、八世紀以降からの「マ」形の出現は、古代日本の人名に「万呂」が多く使われ、これを簡略化すると「ア」のような字形になることと関係すると推測する。

また、異体字を主としていた七世紀とは違って、八世紀になると正字の使用率が高くなった。それだけでなく、八世紀になると、助数詞の「部」や公式の文字資料は正字で書き、日常の文字資料は異体字で書くなど、正字意識が高まっている。これは八世紀になると、朝鮮半島から漢字文化を導入しつつ、中国との直接の交流から得た漢字の知識が定着したからではないだろうか。

「ア」形の起源については、多くの人が朝鮮半島の影響だとしているが、東野氏は第一節で述べたとおり、朝鮮半島の可能性以外に、中国起源の可能性もあるとしている。筆者は、居延の事例を中国内陸部のものとは別に考えるべきだと思う。朝鮮半島や日本のほかに、敦煌、居延、ロプノールなど、所謂中国の西北辺境地域の簡牘にも「ア」に近い字形と「阝」に近い字形がみられる（図4、5参照）。筆者はこのような辺境地域の例を中国内陸部の例と同じく扱うのではなく、朝鮮半島、日本と同様、中国の周辺国家・地域とまとめたほうがいいと思う。このような周辺国家・地域には、古くから「ア」を「部」の異体字として使用した用法があったと考える。

図4　「ロプノール漢簡の「部」の異体字」（『大英図書館蔵敦煌漢簡』同朋舎より）

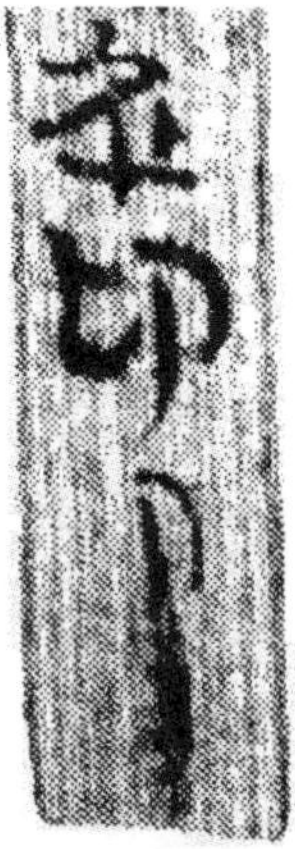

図5　敦煌懸泉置漢簡（部分）（『中国甘粛新出土木簡選』毎日新聞社より）

区分	高句麗 史料名・年代	高句麗 字形	百済 史料名・年代	百済 字形	新羅 史料名・年代	新羅 字形
金石文	磨崖石刻（四世紀後半）	部	扶余出土銘文瓦（六世紀）	ア	鳳坪碑（五二四）	部
	広開土王碑（四一四）	部	「前部」銘標石（扶余）	部	赤城碑（五二四）	部
	中原高句麗碑（五世紀〜六世紀）	部	「上卩前卩」銘標石（扶余）	ア	川前里書石（五二五）	部
	平壌城石刻（六世紀後半）	ア	「中卩乙瓦」銘瓦（扶余）	ア	明活山城作城碑（五五一）	部
	建興五年銘金銅光背（六世紀）	部	「下卩乙瓦」銘瓦（扶余）	ア	南山新城碑（五九一）	部
			「上卩乙瓦」銘瓦（扶余）	ア		
			「首卩甲瓦」銘瓦（扶余）	ア		
			「左卩乙瓦」銘瓦（扶余）	ア		
			「官部甲瓦」銘瓦（扶余）	部		
			「前卩乙瓦」銘瓦（扶余）	ア		
			「上卩大官」銘瓦（扶余）	ア		
			「浚卩乙瓦」銘瓦（扶余）	ア		
			「右卩乙瓦」銘瓦（扶余）	ア		
			「下部」銘瓦（扶余）	部		
			宮南池瓦印刻（七世紀）	ア		
木簡			陵山里（六世紀半ば）	部	咸安城山山城（六世紀）	ア
			宮南池（七世紀）	ア		
			双北里ヒョンネドル（七世紀）	ア		
			双北里（七世紀）	ア		

表1　古代朝鮮半島における部の使用状況

いくさが投げかけた影―額田王と天智天皇との万葉歌―

遠山　一郎

一　額田の歌の歴史的背景

額田《ぬかた》と天智《てんじ》との詠んだ歌のなかには、それらの歌が詠まれた歴史的背景を考えに入れることによって、歌のことばのうえでは関わりを見いだしがたい歌々のあいだのつながりが現われてくるばあいがある。この論は六六〇年前後の歌をおもに取りあげる。それらの歌の詠まれた歴史的背景のなかに戻されることによって、それらの歌が互いのあいだのつながりと当時の意味とを、私たちに示すであろうからである。

つぎの歌は『万葉集』の巻一に収められており、前書きに「額田王《ぬかたのおおきみ》の歌」と記されている。額田の歌のなかで『万葉集』の巻四と巻八とに収められている歌は、額田の作った歌ではなかったかも知れない。対して、巻一に記されている、この歌は額田の作であると見てよいであろう。

にきたつに舟乗りせむと月待てば潮もかなひぬ今は漕ぎいでな　（巻一・八）

これが船出の歌であったことはただちに知られる。が、歌だけでは、それがどのような船出であったのか、ほぼ一三〇〇年あとの受けてには分かりにくい。さいわいにも、この歌には『万葉集』のなかに左に注が付けられており、こう記されている。

右、山上憶良《やまのうえのおくら》大夫の類聚歌林《るいじゅかりん》に検すに、曰はく、「……後岡本宮《のちのおかもとのみや》に天《あめ》の下しらしめし天皇の七年辛酉の春正月、丁酉の朔の壬寅に、御船西に征き、始めて海路に就く。庚戌、御船、伊予の熟田津《にきたつ》の石湯の行宮に泊つ。……」

これによると、斉明《さいめい》天皇の七年（六六一）に斉明が「にきたつ」に船で来ていたことが私たちに知られる。『類聚歌林』が記し、『万葉集』のこの部分の編みてがそれを参照したと述べているこの注とほぼ同じ文が、『日本書紀』にこう記されている。

七年の春正月丁酉の朔の壬寅に、御船西に征き、始めて海路に就く。……庚戌、御船、伊予の熟田津の石湯の行宮に泊つ。

『類聚歌林』の編みてが『日本書紀』、あるいは『日本書紀』のもととなった何らかの資料を見てさきの注を記したらしいことを、この似寄りは見てとらせる。

ところが、この部分だけでは、この歌がどのような状況だったのか、分かりにくい。その状況は、おもに『日本書紀』の六六一年前後の記事によって、つぎのように考えられている。すなわち、このころ朝鮮半島に三つの王国があった。ところが、七世紀なかごろ、この三つの王国のあいだで大きな動きがあった。これにともない、日本の朝廷はその三つの王国に対する外交を変えていった。すなわち、唐が朝鮮のこの三つの王国に深くかかわりはじめ、三つの王国のなかの新羅《しらぎ》と強く結びつくことによって、百済《くだら》、さらに高句麗《こうくり》を圧迫した。特に日本の朝廷は百済とのつながりを強くもっていたので、唐・新羅によって百済が圧迫されると、日本の朝廷は朝鮮半島における手がかりを失うおそれがあった。このおそれは現実になり、六六〇年に唐と新羅とが百済を滅ぼした。日本の朝廷は百済を存続させるために軍を送った。それを『日本書紀』は天智天皇二年（六六三）の記事にこう記した。

三月に、前将軍上毛野君稚子、間人連大蓋、中将軍巨勢神前臣訳語、三輪君根麻呂、後将軍阿倍引田臣比邏夫、大宅臣鎌柄を遣はして、二万七千人を率て、新羅を打たしむ。

百済を存続させるための軍を三年後に送ったのは、百済が滅んだといってもすべて滅んでしまったわけではなく、百済の旧家臣と王族の一部とが残っており、百済の復興のための戦いを続けていたからであった。この二年まえ、すなわち六六一年にも、日本の朝廷は百済を助けるために水軍をだしたらしい。斉明七年に額田が詠んだと『万葉集』が記した「にきたつに　船乗りせむと」という歌は、その時の歌であったらしい。『類聚歌林』と『日本書紀』とが「御船西に征き、始めて海路に就く」と記したのは、斉明が日本朝廷の水軍を率いて難波を出、「にきたつ」を経て、九州の北を通って朝鮮半島へ向かおうとした道筋を、「西」とおおまかに表わしたらしい。

こういう背景で言いあらわされた「今は漕ぎいでな」は、水軍を出そうとしていたことを表わしていたのであろう。この背景を考えに入れないなら、「今は漕ぎいでな」という表現は、舟遊びをしようという意味だったと私たちは受けとることもできる。そう受けとるのは、その歌を読む人の自由であるけれど、その歌が作られた時の意味にできるだけ近い意味で私たちがその歌を受けとるという考えかたを受けてがとるならば、『類聚歌林』が記していたことを『日本書紀』に照らしあわせ、朝鮮半島の情勢と中国の外交の進めかたとを関わらせることによって、斉明が水軍を出したときのことを額田が歌った、と受けとるのが、額田の歌おうとしたことにもっとも近いと考えられよう。

この「にきたつに」の歌がとてもよく知られているのは、歌の美しさにある。ただ、この歌が美しいかどうかという点は、歌を読みとくうえではとても難しい問いかけにつながる。すなわち、私にとって、あるいは『万葉集』を読むある人にとっての、その歌の美しさの判定は、その人の印象であり、思い込みである。歌を楽しむうえではその読みかたで差し支えない。しかし、額田の歌が言い表わそうとしたところは、その印象とは別に考えてみるべきであろう。「今は漕ぎいでな」という言いかたがとても大きな歌いかたで、歌人の気持ちの大きさを表わしているとは、しきりに言われてきた。この歌いぶりの大きさとさきに考え合わせてきた状況は、歌の背景の規模の大きさを思わせる。しかし、この歌が与える印象と、この歌が持っていたその当時の意味との関わりかたは、とても計りにくい。この論は歌いぶりには触れず、歌が意味していたであろう、その当時の意味をたどろうとする。

二　天智の歌との関わり

額田が、たぶん斉明に付きしたがって日本の朝廷の水軍とともにあったという「にきたつに」の歌の背景は、つぎの歌との関わりをたどらせる。

中大兄、三山歌一首

香具山《かぐやま》は　畝傍《うねび》を　をしと　耳成《みみなし》と　相争ひき　神代より　かくにあるらし　いにしへも
しかにあれこそ　うつせみも　妻を　争ふらしき　（巻一・一三）

反歌

香具山と耳成山とあひしとき立ちて見に来し印南国原《いなみくにはら》　（一四）
わたつみの豊旗雲《とよはたくも》に入り日さしこよひの月夜さやけくありこそ　（一五）

長歌の「香具山は　畝傍を　をしと」の部分の「をし」について異なった意見があるけれど、愛しいとて、と解してよいであろう。香具山が畝傍山に心を寄せて、「耳成と　相争ひき」という妻争いをしたという意味であろう。神の時代からこうであったらしい、古い昔もそうであったからこそ、今の時代あるいは今の人も妻を争うらしいという歌は、妻争いをあきらかに詠んでいる。言われてきたことは、天智が額田に思いを寄せていた、額田は天智の弟である天武《てんむ》の妻であった、その人妻への思いをこの歌に託して天智が歌った、という受けとりかたであった。そうであったらおもしろかったであろうけれど、そうではなかったらしい。

この長歌が述べたのは香具山と畝傍山と耳成山との妻争いには違いないものの、二つの反歌のうちの二つめの反歌（一五）が天智・額田・天武のあいだの関わりという見かたでは解けない。その前に置かれている第一反歌（一四）と第二反歌との関わりも、その見かたでは解きがたい。

第一反歌が述べた、香具山と耳成山とが争ったときに「立ちて見に来し印南国原」については、二つ解きかたがある。

一つは、この部分によく似た内容が『風土記』の「播磨国」の揖保郡《いぼのこおり》の記事に残されている。それをこの歌の読みとりに取りいれようとする。すなわち、出雲国の阿菩大神《あぼのおおかみ》がやまとの三つの山の争いのことを聞いて、揖保郡まで仲裁のために来たという伝えを、この第一反歌は背景にしたという解きかたである。この解きかたでは、「印南国原」は、阿菩大神が三つの山の争いを止めようとして出雲から立って見に来たところ、という受けとりかたになる。これで意味が通らないわけではない。が、おかしなところがある。さきに述べたように、『風土記』の「播磨国」揖保郡の記事では、この阿菩大神が出雲から来たのが揖保郡であるが、「印南国原」は揖保郡からかなり離れている。

その場所のずれを解くことのできる理解としてつぎのような受けとりかたがある。すなわち、「印南国原」は出雲の神がやってきた所を指すのではなく、「印南国原」自身が立って三つの山の争いを見に来た、という解きかたである。「印南国原」という所が立ち上がって見に来た、という表現を今の感覚で受けとると、擬人法に見える。けれど、この表現はそうではなく、「印南国原」自身がこういう行動を起こした、というのがこの時代の歌いかただったであろう。

これを裏書きして、長歌では三つの山が感情を持ち争っていたことが歌われている。近代の受けとりかたでは、この長歌の表現も擬人法である。そうではなく、一三五〇年ほど前の人にとっては、山が神であり、感情を持ち、動いていた。「印南国原」という所も、神であり、感情を持ち、動いていた。三山の歌はそれを歌った神話だった、と私たちは受けとることができる。

この論はあとのほうの解きかたをとる。というのは、これらの歌が詠まれた所が「印南国原」だったと考えられるからである。たしかに、長歌だけ見ると天智はやまとにいるように見える。すなわち、天智の目の前にある三つの山の妻争いを、その三つの山が見える所で天智は歌った、という解きかたが成り立つように見える。ところが、「印南国原」が第一反歌に突然出てくる。天智はやまとにいたという受けとりかたでは、そのわけが解けない。対して、天智がこれらの歌を詠んだのは「印南国原」だったと受けとると、天智はその所を目の前にして、そこに関わった三つの山の妻争いの神話を思いだしていた、と読みとることができる。こう受けとると、三つの山と「印南国原」との両方が一連なりの歌に現われた理由が解ける。

天智は「印南国原」でこれらの歌を詠んだという受けとりかたが第二反歌の読み解きを助ける。第二反歌が歌ったのは、海の神がなびかせる雲と入り日と月夜との関わりである。これがやまとで詠まれたとすると、「わたつみの豊旗雲に入り日」がさしていたという情景はありえない。対して、天智が「印南国原」を見ながら詠んだのならば、その情景はありえたであろう。「印南国原」は瀬戸内海沿いにあるからである。では、瀬戸内海沿いの「印南国原」で月夜がさやけくあるというのは何を意味していたのか。

この詠みかたは、この時代の歌いかたの一つの形であったらしい。つぎの歌には「わたつみの」の歌に通う点が見いだされる。

間人宿祢《はしひとのすくね》大浦《おおうら》が初月《みかづき》の歌二首

天の原ふりさけ見れば白真弓《しらまゆみ》張りてかけたり夜道はよけむ　（巻三・二八九。二九〇略）

「わたつみの豊旗雲に入り日さし」の歌に似ているところは、まず、この「天の原ふりさけ見れば」の歌にも「白真弓」すなわち月が出ている点である。「夜道」がよいだろうというのは、歌いてが誰かを見送った、その人が夜帰ってゆく道筋が安全であろうという意味であろう。

月が出ていたのは、雨・嵐でなかったからであり、その天候のもとでは「夜道」でもたどりやすかったであろう。天智の歌の「こよひの月夜さやけくありこそ」も、「夜道」すなわち夜の海の道がたどりやすいことを言っていたのではないか。

天智の歌がいつ詠まれたのか、『万葉集』の編みては記さなかった。そのため、額田の歌との関わりをたどりにくい。が、額田が「今は漕ぎ出でな」と歌った状況に似た状況で、天智は「こよひの月夜さやけくありこそ」と歌ったのではなかったか。歌のことばのうえでは、天智の歌と額田の歌とはともに海に関わった「わたつみ」（天智歌）「舟乗り」「潮」「漕ぎいでな」（額田）と、「月夜」（天智歌）「月」（額田歌）とを詠みこんでいた。ともに「月」が歌われたのは、ただ月見によくて美しいというのではなく、この時代の人々にとっては、「夜道はよけむ」という思いに深く関わっていたのであろう。

くわえて、「月待てば潮もかなひぬ今は漕ぎいでな」（額田歌）、「こよひの月夜さやけくありこそ」（天智歌）、「夜道はよけむ」（間人大浦歌）という三つの歌の歌いかたは、旅が安全であるかどうかまだわかっていない段階で、安全であるだろうとことばに前もって表わす、という言い方の一つの形だったらしいことを見てとらせる。すなわち、これから先が良いだろうということ、あるいは、良いことが望まれるということを、良いと歌が前もって断定して言い表わすことによって、良くなることを実現させるというまじないの働きがあったらしい。それがことに歌という形をとると、それがよく効くと人々が思っていたらしい。神がそのことばを喜び、その歌の述べた方向へ神の心が動かされるという考えだったらしい。

天智が「月夜」のさやかさを確かなことと信じたことによって、舟旅の安全を歌に表わしたのは、額田の歌さらには「夜道はよけむ」の歌に通う状況だったからであろう。天智はこのとき日本朝廷の水軍とともにあったのであろう。その水軍は「印南国原」に差しかかっており、天智はその「印南国原」を見つつ、その地に関わった神の物語を歌ったのであろう。

「わたつみの豊旗雲に入り日さしこよひの月夜さやけくありこそ」が「印南国原」における旅の安全のまじないであったのならば、その前についている三つの山をめぐる神話を歌った部分は何か。『万葉集』にはつぎの歌が収められている。

長田王《ながたのおおきみ》、筑紫に遣はさえて、水島《みずしま》に渡る時の歌二首

聞きしごとまこと貴く奇しくも神さびをるかこれの水島　（巻三・二四五）

葦北《あしきた》の野坂の浦ゆ船出して水島に行かむ波立つなゆめ　（二四六）

長田王が「筑紫」の「水島」へ行ったときにこの二首の歌が詠まれた、と題詞によって知られる。この機会に歌われた歌が述べたこと、すなわち、私がかつて聞いたように、本当に、尊くて、神秘である、この水島は、という歌いかたには、「香具山は　畝傍を　をしと」という天智の歌とのあいだに共通点が見いだされる。というのは、長田王が「水島」に来て「聞きし

ごと」と歌ったのは、この「水島」に関わった何らかのこと、おそらく、「水島」をめぐる神話・伝説だったのであろう。天智の歌もまた、天智が「印南国原」に来て、この所に関わった神話を思いだしていた。長田の歌の二つめの歌のなかには、「舟出して」という表現とともに、「波立つな」という部分がある。この時代、船でどこかを渡るということはとても恐ろしいことだったようである。

海への恐れを歌った歌はほかにもいくつか例をあげることができる。たとえば、柿本人麻呂が讃岐の狭岑島を通りかかったときに、その島で死体を見たことを歌に残した。

讃岐の狭岑《さみね》の島にして、石の中の死人を見て、柿本朝臣人麻呂が作る歌一首并せて短歌

玉藻よし　讃岐の国は　国からか　見れども飽かぬ　神からか　ここだ貴き　天地　日月とともに　満《た》りゆかむ　神の御面と　つぎて来る　中のみなとゆ　舟浮けて　吾が榜ぎ来れば　時つ風　雲居《くもゐ》に吹くに　沖見れば　とゐ波立ち　辺見れば　白浪さわく　鯨魚《いをな》取り　海を恐み　行く船の　梶引き折りて　をちこちの　島は多けど　名ぐはし　狭岑の島の　荒磯面《ありそも》に　廬《いほ》りて見れば　波の音の　繁き浜辺を　しきたへの　枕になして　荒床に　ころ伏す君が　家知らば　行きても告げむ　妻知らば　来も問はましを　玉桙《たまぼこ》の　道だに知らず　おほほしく　待ちか恋ふらむ　愛《は》しき妻らは　（巻二・二二〇）

反歌二首

妻もあらば摘みて食《た》げまし沙弥《さみ》の山野の上のうはぎ過ぎにけらずや　（二二一）

沖つ波来寄する荒磯をしきたへの枕とまきて寝せる君かも　（二二二）

ここで人麻呂が歌ったのは、海の渡りをつかさどっていると信じられていた神の恐ろしさと、その渡りを波が高いのに舟出し遭難して死んでしまった人の魂を鎮めようとした人麻呂の思いであったらしい。私たちの感覚では瀬戸内海は安全な海であるけれど、それは近代的な感覚であり、ごく最近まで瀬戸内海では舟がたくさん沈んでいた。航海術や気象の知識が乏しく、船の造りが弱かったころには、瀬戸内海を舟でゆくのはとても危なかった。まして、太宰府から朝鮮半島に舟を出すには、瀬戸内海よりもっと荒い海を渡らなければならなかった。よほどのことがなければ、そのころの人々は舟旅をしなかった。ほぼ同じころに始まった遣唐使たちはたくさん海で死んだ。唐招提寺を作った鑑真は何度も遭難し、ほとんど死にそうになってようやく日本に来た。この時代の人々にとって舟旅の安全はとても切実な思いであったことが知られる。

この恐ろしさに対してこの時代の人々のしたことは祭りであり、まじないであった。その祭りによって旅人の願ったことが、さきの長田の歌に表わされていた「波立つな」だったのであろう。海を渡る、舟旅をするという時に、「波立つな」と旅の安全を祈ったのは、「にきたつに船乗りせむと月待てば」や「わたつみの豊旗雲に入り日さし」の舟出に良いときのことを歌った歌と同じ考えかたであったと受けとることができよう。

　これらの考えかたがすべて持っていた旅に対する恐れ、波の立つことへの恐れは、具体的な恐れの対象として、海の神すなわち「わたつみ」の大きな力をその当時の人々に信じさせたようである。

　このような海の神へのまじないによって旅の安全を祈る時には、通ってゆこうとする所に関わった神話・伝説を歌いこむという一つの歌いかたがあったらしい。天智が述べた「香具山は　畝傍を　をしと」は、「印南国原」に関わった神話を天智がその所で歌うことによって、自分たちの旅が安全であるようにという、その所の神への願いに結びついていたらしい。ならば、「香具山は　畝傍を　をしと」という歌は、天智が額田を思いだしながら、弟である天武との妻争いを歌った歌ではなかった、と私たちは読みとくべきであろう。

三　額田・天智の歌と文明の取りいれ

　危うさをおかし、水軍を送ってまでして日本の朝廷が百済と深く関わろうとしたのはなぜだったのか。その理由の第一は進んだ文明が欲しかったからであろう。その文明の一つは文字であった。そのころしきりに取り入れられた中国のことばを記すための文字を私たちは今でも使っている。かな文字は中国語を表わすための文字からすべて派生した。私たちが書くことができる、読むことができるのは、日本の朝廷がその前の時代から引き続いて中国の文字を取り入れたからである。中国語を表わすための文字を日本の朝廷が取り入れたのは何のためだったのか。おもに日本の朝廷の行政を進めるためだったのであろう。

日本の朝廷が支配した範囲が大きくなればなるほど、日本の朝廷が官僚組織を作ってゆかなければ、行政はうまく運ばなかった。行政とそれを働かせる官僚組織とは文書によって動いた。この動きかたは一三五〇年前も今も基本的には同じである。この文書による行政によって、日本の朝廷は広い地域を治めることができるようになった。すなわち、どこどこの村に何人の人がいて、そこからどれだけの税を取ることができるという計算は、文書によって動く官僚機構なしにはできない。文字によらず、記憶と口伝えだけでは、日本の広い地域を治めることはできない。

その中国の文字は朝鮮半島経由で日本の朝廷にはいってきた。その文字はさまざまな技術をももたらした。文字・ことばが技術をもたらすのは今も同じである。もっとも進んだ電子計算機の作りかた、その使いかた、航空宇宙技術、医術などは今でも外国語ことに英語の知識なしには、日本の研究者・技術者は取りいれることができない。一九世紀なかごろの文明開化から今に連なっていることばと行政・技術との深い関わりは、一三五〇年前の朝廷のばあいも同じであり、その関わりが外交政策に同様に連なる。一三五〇年前に日本の朝廷は二七〇〇〇という大きな軍を出してでも、文明との接触を保とうとしたのであろう。

天智と額田との歌だけを読んだのでは、そのような背景を見いだすことはできない。そもそも歌は政治、軍事、外交を詠みこんだことがほとんどなかった。本書のなかの身崎壽「防人のたび」が論じているように、歌は人の心の在りかたに関わった感覚的な面をことばに表わすにとどまっていた。天智の三つの山の歌は、あたかも恋の歌のようなことばで詠まれた。「わたつみの」の歌も、これが水軍を出した時の歌という雰囲気をことばに立てなかった。これが歌がながらく持っていた性格の一つだったのであろう。すなわち、一三〇〇年まえに歌が歌いての思いをことばに表わした時には、それがどのような歴史的・政治的背景をもっていようとも、それをことばの上に出すという考えが歌いてになかったのであろう。感覚的なことばを私たちがたどるうえでは、『日本書紀』のような歴史的背景について記した文献を考えあわせ、歴史的な背景を復元することなしには、天智の歌と額田の歌とが一連なりの状況のなかで歌われた歌だったらしいというつながりを、見いだすことができない。

四　都移りの歌

額田と天智との歌のつながりのなかに、つぎの額田の歌も位置づけられよう。
額田王、近江国に下りしときに作りし歌。井戸王《いのへのおおきみ》、即ち和《こた》へし歌

うまさけ　三輪の山　あをによし　奈良の山の　山のまに　い隠るまで　道の隈《くま》　い積もるまでに　つばらにも　見つつゆかむを　しばしばも　見さけむ山を　心なく　雲の　隠さふべしや　　　　　　　　　　　　　　　　　　　　　　　　　　　　　　（巻一・一七）

反歌

三輪山をしかも隠すか雲だにも心あらなも隠さふべしや　　　　　　　　　　　（一八）

右二首、山上憶良太夫が類聚歌林に曰はく、都を近江国に遷ししときに、三輪山を御覧しし御歌なり。日本書紀に曰はく、六年丙寅春三月辛酉朔己卯、都を近江に遷しき。

へそかたの林のさきのさ野榛《はり》の衣《きぬ》に着くなす目に付くわがせ　　　　　（一九）

右一首の歌、今案ふるに和歌に似ず。但し、舊本、此の次に載す。故、以ちて猶ほ載す。

この三首なかの長歌が述べているところは、第一の反歌に述べられている。すなわち、長歌・反歌ともに、三輪山を雲が隠さないでほしいことを歌った。

額田がやまとから近江に行こうとしていたことが前書きによって知られる。奈良盆地の南寄りにあった天皇の都から近江へ行くためには、たぶん、奈良盆地の東沿いの道を北へ行き、琵琶湖の方に出ていった。その通り道の奈良盆地と琵琶湖を隔てているのが「奈良の山」である。そこを抜けていったあたりで、額田王はこの歌を詠んだらしい。

この長歌・反歌に左側に注が付いており、「山上憶良大夫が類聚歌林」によって、天智六年（六六七）に天智が都を近江に移したときにこれらの歌が詠まれたと知られる。この左注を裏付けて『日本書紀』天智六年につぎの記事が見いだされる。

三月辛酉朔己卯、都を近江に遷す。

天皇のいるところが政治の中心であったから、天智が都をやまとから近江に移したとき、朝廷の人たちは皆付いていった。この時の歌がさきの瀬戸内海を舟で通ったときの歌に関わるのは、二つが一連なりの背景で詠まれたからである。

さきに触れた七世紀なかごろの六六〇年に、唐・新羅の連合軍が百済を滅ぼした。つぎの年、六六一年に斉明が伊予の「にきたつ」に泊まった。この時に額田も斉明とともにあり、「にきたつに」の歌を詠んだ。つづいて六六三年、日本の朝廷は二七〇〇〇の軍を朝鮮半島に送った。この時に、白村江の戦いがあった。この戦いに日本朝廷の軍は敗れた。六六三年、天智二年の『日本書紀』の記述にこう記されている。

秋八月……戊戌、……大唐軍将、戦船一百七十艘を率て、白村江に陣烈れり。戊申、日本の船師の初づ至る者と大唐の船師と合ひ戦ふ。日本不利けて退く。大唐陣堅めて守る。己酉、日本の諸将と百済王と、気象を観ずして、相ひ謂りて曰はく、「我等先を争はば、彼自づから退くべし」。更に日本の伍乱れたる中軍の卒を率て、進みて大唐の陣を堅くせる軍を打つ。大唐、便ち左右より船を夾みて繞み戦ふ。須臾之際に、官軍敗績れぬ。水に赴きて溺れ死ぬる者衆し。艫舳廻旋すこと得ず。朴市の田来津、天を仰ぎて誓ひ、歯を切りて嗔り、数十人を殺しつ。焉に戦死せぬ。是の時に、百済の王豊璋、数人と船に乗りて、高麗に逃げ去りぬ。

これが中国の朝廷の資料であったならば、私たちは割り引いて勝ち負けを考えたほうがよかろう。勝った方は自分たちが勝った、負けたばあいにも勝ったと言い張ることが多いからである。しかし、この記事は負けたほうの日本の朝廷の資料が日本の軍が負けたと書いたのだから、この勝ち負けを疑うには及ばないであろう。ただ、日本の朝廷の軍の数、二七〇〇〇が実態であったかどうか確かではない。が、日本の朝廷はこの負けいくさで、おそらく水軍のほとんど全てを失ったであろう。しかも、この書きかたは日本の朝廷の軍があっさり負けたことを記していた。日本の朝廷の軍はかなり戦が下手だったらしい。この水軍が額田の歌に「今は漕ぎ出でな」と詠まれた水軍の二年後の姿であった。

この六六三年の白村江の戦いの次の年六六四年に、『日本書紀』につぎの記事が見いだされる。

是歳、対馬島、壱岐島、筑紫国等に防と烽とをおく。又、筑紫に大堤を築きて水を預へしむ。名づけて水城と曰ふ。

対馬島、壱岐《いき》島さらには筑紫に唐と新羅との連合軍がはいってくることに日本の朝廷は備え、守りをかためようとしたらしい。この守りをかためたこととの関わりのなかに、六六七年の近江への都移しを位置づけなければなるまい。すなわち、日本の朝廷が都を近江に移したのは、難波からより遠くに日本の政治の中心を動かしたのであろう。中国から朝鮮半島をへて、日本の政治の中心にはいるには、北九州に足がかりを作り、瀬戸内海を舟で通って難波に上陸するのがもっとも効率的であった。やまとの都はこの難波から山を一つ越えたところにあった。そのやまとから近江にはいるためには、さらに一つ山を越えなければならない。その遠いところへ天智は都を移したのであろう。

この地理上の位置に関わるらしいのが、六六七年の都移しに続く『日本書紀』のつぎの記事である。

倭国の高安《たかやす》の城、讃岐の国の山田の郡の屋島の城、対馬の国の金田の城を築く。

これらの城のなかでも「高安の城」は、難波から奈良盆地にはいる山の上に築かれていたことが知られている。さきの『日本書紀』の記事に記されている「筑紫」の「水城」の水は海側に設けられていた。二つの城とともに、唐、新羅の軍が海を渡って筑紫ついで難波にはいってくることに備えた作りであった。額田の三輪山の歌の左注に記されていた「右二首、山上憶良太夫が類聚歌林に曰はく、都を近江国に遷しし時に、三輪山を御覧しし御歌なり。日本書紀に曰はく、六年丙寅春三月辛酉朔己卯、都を近江に遷しき」は、このような日本の朝廷の動きのなかのできごとであった。

額田が歌によって三輪山を見たい見たいと言って三輪山に対する名残惜しさを表わした背景には、当時の朝廷の人々の、ことに天智の朝廷の人々の差し迫った思いがあったのであろう。左の注に記されていた「……都を近江国に遷ししときに、三輪山を御覧しし御歌なり」という部分の敬語の付けかたは、この歌が額田の歌であったとともに天智の歌であり、日本の朝廷の人々の思いであったことを示していよう。

では、日本の朝廷の人々が国の滅ぶ恐れに迫られていた時に、どうして三輪山が見たいという思いを歌に表わしたのか。しかも、この差し迫ったときに、もう一つ反歌が付けられていた。

へそかたの林のさきのさ野榛の衣に着くなす目に付く我がせ　（一九）

この歌はあたかも恋い人、あるいは夫を思う女の歌のように響く。日本の朝廷が滅ぼされるかも知れなったときの歌として、この歌はそぐわないように見える。この一九の歌もさきの「印南国原」の歌のような難しさを受けてに投げかける。けれど、これがこの当時の歌の考えかたであり、その当時の朝廷の人々の考えかただったのであろう。すなわち、この「へそかたの」の歌は額田の「三輪山を　しかも隠すか」に対して、題詞に記されているように「井戸王、即ち和へし歌」であった。額田が「三輪山を　しかも隠すか」と歌ったのに対して井戸が「和」

したのは、三輪山の神に関わった神話のなかの糸玉を受けた歌いかただったのであろう。『古事記』および『日本書紀』に記された三輪山の神話はつぎのような内容であった。昔、美しい女がいた。三輪山の神がその女を見初めて、夜ごとに女のもとに通った。その女が身ごもったので、その男がどんな男かを知るために、その男の着物の裾に糸を付け、その糸のあとをたどったところ、三輪山に行っていた。それで、その男が三輪山の神であったことが知られた、というのである。この神話に拠ることによって、「へそかた」は三輪山をさしたのであろう。すると、三輪山の林のさきの野のハリが衣に付いてよく見えるように、私の恋い人、あるいは夫が私の目に付くという歌いかたは、神話のうえでは姿を見せなかった神であるけれど、私の恋い人、夫はとてもよく見える、とこの歌は歌った、と読みとられよう。三輪山を見たいのにそれが雲に隠れていると歌った額田の歌に応えて、井戸はよく見えると歌った、つまり、三輪山が見えないという額田の歌に対して、井戸はいいえ、よく見えてますよと歌って、額田の歌に「和」したらしい。

しかし、これが都移りと何の関わりがあったのか。このような歌いあいは都移りという差し迫った政治的な情勢にふさわしかったのか。そこで、さきの「印南国原」の歌が考えあわされる。すなわち、その所に関わった神話・伝説を歌うことによって神の心を鎮めるという信仰が一四〇〇年まえにあった。この三輪山の歌も、三輪山の神に深く関わった神話を歌に言いあらわしたことによって、額田、天智、井戸たち日本の朝廷の人々は三輪山の神の心を鎮めようとしたらしい。

三輪山の神はやまとでとても大きな神であった。やまとから朝廷が都を移してしまうにあたり、そのやまとの神の心を鎮めるために、都を移すけれど私たちはあなたのことを今でも深く思っている、と長歌、反歌、和歌によって額田、天智、井戸は歌ったのであろう。この歌いかたは神の魂を鎮めようとする歌いかたであり、さきほどの「水島にゆかむ波立つなゆめ」と同じ考えかただったのであろう。

額田たちが近江に移ったときに通りかかっていた「奈良の山」（前傾額田長歌一七）で、やや後に長屋王が馬をとめてつぎの歌を歌った。

佐保《さほ》過ぎて奈良の手向《たむ》けに置く幣《ぬさ》は妹を目離《か》れず相見しめとそ
（巻三・三〇〇）

この歌は「奈良の手向け」をことばに表わしており、「奈良」で神の祭りが行なわれたことを直接的に表わしている。すなわち、奈良山を通る時、当時の人々は旅の安全を祈って「手向け」をし、「幣」を置き、神に祈った。この信仰にもとづいて、三輪山の歌は「奈良の山」で三輪山の神を鎮める歌を三輪山の神にささげ、都移りをおこなったのであろう。

五　新羅使人と防人との歌

朝鮮半島の三つの王国をめぐる軍事上の動きによって百済が滅ぼされ、やまとから近江に都が移され、それから高句麗が滅ぼされて、朝鮮半島では新羅だけが生き残った。その新たな朝鮮半島の情勢のなかで、つぎの歌が『万葉集』巻一五におさめられた。

新羅に遣はさえし使人等、別れを悲しび贈り答へ、また、海つ路に情をいたみして思ひを述べ、併せて所に当たりて誦ふ古歌

日本の朝廷が新羅に使いを送ったのは、滅んでしまった百済との外交関係を変えて、百済を滅ぼした新羅とのあいだで外交関係を作るための外交官を遣わしたからであった。この新たな外交は、六六八年に唐が高句麗を滅ぼしたのち、六七四年に唐が新羅に兵を出したという新たな展開に関わっていた。すなわち、朝鮮半島で新羅だけが王国として生き残ると、唐と新羅が対立し始めた。そこで、唐は新羅を討伐する兵を出したので、新羅の朝廷は日本の朝廷に近づこうとし、また、日本の朝廷もそれに応じて新羅に使いを送った、という外交上の駆け引きであった。

その外交のなかで新羅に使わされた使いたちの歌の始めの一首がつぎのように歌っていた。

武庫《むこ》の浦の入り江の渚鳥《すどり》はぐくもる君を離れて恋ひに死ぬべし　（巻一五・三五七八）

これは難波に残った女が新羅に使わされた使いに対して歌ったらしい。歌いかけられた使いが答えた。

大舟にいも乗るものにあらませばはぐくみ持ちてゆかましものを　（三五七九）

この二首に続いて一四三首の歌が残されている。なかで、外交官がとても張り切っているという歌はない。始めの二首と同じく、別れの悲しみを表わし、さらに旅の悲しみを詠んだ歌ばかりである。

さらに、少し時代が離れて、「天平勝宝七歳」（七五五）の「筑紫に遣はさえし諸国の防人等が歌」が『万葉集』の巻二〇に収められている。七五五年に防人が筑紫に送られたのは、白村江の戦いから九〇年ほど後のことであった。このころでも日本の朝廷はまだ防人を九州に送り、日本の守りに当てていた。その防人たちの歌の始めの一首。

かしこきやみこと蒙《かが》ふり明日ゆりやかえがむた寝むいむ無しにして　（四三二一）

この歌の歌いてがもっとも述べたかったことは「いむ無しにして」であろう。歌いては妻あるいは恋い人とともにいたかったのであろう。この防人にとって、妻あるいは恋い人と離れるのは、つらかったのであろう。この歌いかたは、さきほどの新羅へ使わされた使いが、任務を果たすことをまったく歌わず、女のところにいたいにもかかわらず新羅に行かなければならず悲しいと歌い、女も男にいて欲しいと歌っていたのに似ている。

やはり防人の歌のなかで、つぎの歌は「筑波の山」への思いを表わしていた。

橘の下吹く風のかぐはしき筑波の山を恋ひずあらめやも　（四三七一）

この「筑波の山」への思いは、額田の「三輪の山」への思いに通っていた。やまとの人々にとって「三輪の山」がとても大事な神であったように、筑波のあたりの人にとっては、「筑波の山」がもっとも大事な神だったのであろう。防人の歌は述べたような状況で詠まれたから、日本の守りにとってはとても大事であったけれど、歌に現われていた防人たちの心は、そのような歴史的背景をほとんどまったくことばに表わさなかった。額田と天智と井戸との歌、さらに新羅に使わされた使いの歌、防人の歌は一連なりの歴史を背景に詠まれたけれど、その歴史的背景を歌自身から見いだすことは難しい。『万葉集』の歌から私たちに知られるかぎりでは、七世紀から八世紀の歌いてたちは、貴族・庶民ともに、私たちとは異なった心の在りかたを異なった歌いかたで表わしていた。これらのあいだの関わりは歌だけを読み解くのでは見いだしがたい。歌いてが表わそうとした思いを私たちが読みとるうえで、当時の国際関係という大きな状況から信仰という私的な思いに関わるところまでも考えに入れる見かたが、有力な手がかりをもたらすように思われる。

防人のたび

身﨑　壽

はじめに

本稿は、『万葉集』の巻二〇および巻一四におさめられている東国農民兵士らのうた、いわゆる「防人歌《さきもりうた》」が、どのような歴史的背景をせおって誕生したか、また、その「旅の歌」としての本質がどのようにあらわれているか、について考察をこころみる。しかしそのまえにまず、「防人」ということば自体について、ここで確認しておこうとおもう。「サキモリ」というのはもちろん、ヤマトコトバすなわち古代日本語であり、それに対応する漢字表記として、「防人」という字があてられているわけだが、サキモリというヤマトコトバにふさわしい、すなわち、いわゆる正訓字《せいくんじ》表記をもとめるとすれば、

奥鳥　鴨云船之　還来者　也良乃埼守　早告許曽

沖つ鳥　鴨といふ船の　帰り来ば　也良のさきもり　はやく告げこそ　（巻一六・三八六六）

といううたの「埼守」や、のちに紹介することになる『日本霊異記《にほんりょういき》』のはなしにおける「前

守」といった表記がかんがえられよう。要するにこれは、外国と対峙する、防衛の最前線あるいは国境――「サキ」という語はこれを意味する――その辺境の防備にあたる兵士・兵役のことであり、具体的には、大陸や朝鮮半島とむかいあう筑紫、すなわち北九州の各地に、配属された兵士がこの防人だったのだ。ほかに、『万葉集』のうたに

今年去　新嶋守之　麻衣　肩乃間乱者　誰取見

今年行く　新島守が　麻衣　肩のまよひは　誰か取り見む

（巻七・一二六五）

とある「新島守」を、「ニヒサキモリ」とよむ説がある。かならずしもこのよみが妥当だとはおもわないが、壱岐《いき》や対馬《つしま》といった地域が大陸や朝鮮半島に対する防衛の最前線だったことをおもえば、この「島守」はまさに防人をさしていったことばだということはできるだろう。そのサキモリというヤマトコトバに「防人」という漢字をあてたのはなぜかといえば、この「防人」はれっきとした漢語で、それがサキモリとよく類似したものをあらわすことばだったことによる。「防人」は、すでに指摘されているように、東アジア世界に君臨した大唐帝国の法令、いわゆる「唐令《とうれい》」のうちの、軍事関係の法令「軍防令《ぐんぼう》」や、その他の文献にみえる用語だ。周知のように「唐令」は散逸して、まとまったかたちではのこっていないが、逸文が諸文献にみられる。

衛士防人以上、征行し若しくは鎮に在り、及び番より還るに…

（『唐六典』巻三）

防人の番代は、皆十月一日に交代せよ

防人、防に在りては守固の外に、唯だ軍器城隍公廨屋宇を修理せしむることを得。各々防人の多少を量り、当処の側近に於いて、空閑地を給し、水陸の宜しき所に遂ひて、斟酌して営種し、幷に雑の蔬菜は、以て糧貯に充て、及び防人等の食に充てよ　（同）

『唐六典《とうりくてん》』や『唐律疏議《とうりつそぎ》』の記述はもともと唐令の「軍防令」にあった条文だとされている（仁井田陞『唐令拾遺』東京大学出版会、一九六四年）。これらの史料にある「防人」は、唐にあっても同様に夷狄《いてき》の侵入に対して辺境を守備する兵士・兵団をさすことばだというので、その文字を借用したのではないか、というわけだ。

一　防人の制度と歴史

さて、つぎに、その防人の制度や歴史のおおよそについてたしかめておこう。防人という名称が史料にはじめて登場するのは、例の「大化の改新」といわれている政治改革の一環として、大化二年（六四六）の正月に発せられたとされる一連の詔勅――これらは「改新詔」とよびならわされている――それらのなかのひとつにおいてだ。

其の二に曰はく、初めて京師を修め、畿内国の司・郡司・関塞・斥候・防人・駅馬・伝馬を置き、鈴契を造り、山河を定めよ。

ただし、このいわゆる「改新詔」、さらには改新の事業とされるさまざまな政治改革自体についでは、『日本書紀』の記述はかならずしも事実をつたえていないのではないかと、その素性がうたがわれていることは周知のとおりで、したがって防人の制度についても、この六四六年を防人の最初の設置年代としてそのままに信ずるわけにはいかない。事実、防人についてはこのあとしばらく『日本書紀』に言及がみられず、つぎはずっとのちの天智《てんじ》朝、天智称制三年(六六四)の記事にようやく再度登場する。

是歳、対馬島・壱岐島・筑紫国等に、防と烽とを置く。又筑紫に、大堤を築きて水を貯へしむ。名けて水城と曰ふ。

ここには、このとしに設置されたものとして、「烽(とぶひ)」、すなわち緊急事態を迅速にしらせる装置とともに、「防」が各地におかれたという。この「防」とかかれているのが防人のことだ。これをみると、前年のいわゆる白村江《はくそんこう／はくすきのえ》での大敗北にともなう、朝鮮半島からの撤退以後、逆に唐や新羅《しらぎ》からの侵略のかげにおびやかされていたこの当時の方が、むしろ時期的にみて、防人の制度の事実上の初発だったのではないかとおもわれるのだが、このあたりのことは専門の歴史学者の意見にまちたい。以下、防人関係のめぼしい記事を『日本書紀』ならびに『続日本紀』からひろっておこう。

十二月の壬申の朔乙亥に(四日)、筑紫に遣せる防人等、海中に飄蕩ひて、皆衣裳を失へり。

則ち防人の衣服の為に、布四百五十八端を以て、筑紫に給り下す。

（『日本書紀』天武一四年＝六八五）

二月の甲申の朔丙申に（一三日）、詔したまはく、「筑紫の防人、年の限に満ちなば替へよ。」とのたまふ。

（同 持統三年＝六八九）

戊午（一〇月二八日）、詔したまはく、「防人、戍に赴く時は、専使を差す。是に由りて、駅使繁多にして、人馬並に疲る。逓送して発すべし」とのたまふ。

（『続日本紀』和銅六年＝七一三）

己卯（九月二八日）、諸国の防人を停む。

（同 天平二年＝七三〇）

是の日（九月）、筑紫の防人を停め、本郷に帰し、筑紫の人を差して、壹伎・對馬を戍らしむ。

（同 天平九年＝七三七）

なかでは、天平九年の記事が注目される。これは、この年に日本全国に大流行をみた天然痘の蔓延と、なにか関係がある措置なのかもしれない。ただこれに関しては、そのまえにひいた天平二年の記事と重複する措置だというので、歴史学の分野ではいろいろと論議されていると ころだが、確実にいえることは、この年までに、従来東国方面から派遣されていた防人の制度がまちがいなくいったん撤廃されて、地元である筑紫の兵士たちによる防衛の体制にかわった、ということだ。この事実は、さいわいなことに別の史料によってたしかめられる。以下にあげるのは、『正倉院文書』の天平一〇年（七三八）度の諸国正税帳《しょうぜいちょう》の記載だ。

勅に依りて郷に還る防人、筑紫大津起り備前児嶋迄で十箇日の粮、舂稲一千五百四十八束（筑前国正税帳）

＊数字はすべて大字を漢数字になおした、以下同じ

京に向かう防人参般の供給の穎稲一千八百六十七束…（前般欠）…中般の防人九百五十三人の二日半料の穎稲九百六十一束…後般の防人一百二十四人の二箇日料の穎稲一百束。

旧防人伊豆国二十二人　甲斐国三十九人　相模国二百三十人　安房国三十三人　上総国二百二十三人　下総国二百七十人　常陸国二百六十五人　合一千八十二人の六郡別半日の食単三千二百四十六日と為す。（周防国正税帳）

（駿河国正税帳）

正税帳は、各国の年間の収支決算報告書のようなもので、租税収入をどのようにつかったかが具体的に記録されているわけだが、そのなかに、筑前国（福岡県）、周防国（山口県）そして駿河国（静岡県）というふうに、東国出身の防人兵士たちの、筑紫から故郷への帰還の経路にあたる沿道の諸国の、かれらに対する支給のための費用が記録されているのだ。なかでも、最後の駿河の国の正税帳の記載によって、このときに帰還した東国の防人の出身国が、伊豆・甲斐・相模・安房・上総・下総・常陸というふうに判明するが、むろんこれがこれですべて、という

わけではなく、途中でわかれて東山道経由で帰途についた、信濃・武蔵・上野・下野といった諸国や、東海道でも駿河以西の遠江などは、当然記録されていないわけだから、おそらくこのときに防人をだしていた諸国は、のちにみる天平勝宝度の諸国と、さほどちがっていないのではないか、といわれている。

さて、このように、いったんは撤廃されていた東国方面からの防人の派遣体制が、どういう理由でか、天平勝宝七歳（七五五）になって復活したようだ。これは東国の農民兵士にしてみれば実に迷惑なはなしで、せっかく過酷な負担から解放されたのもつかのま、わずか二〇年たらずでまた復活してしまったことになる。まさにこのときにあたって、『万葉集』巻二〇におさめられることになる、東国の防人らのうた、すなわち防人歌が採録されたのだった。この、筑紫防衛のための防人の、東国からの派遣体制の復活の理由については、のちにふれたいとおもうが、これもまた朝令暮改《ちょうれいぼかい》で、情勢の変化によってわずか二年後の天平宝字元年（七五七）には、東国からの防人兵士の派遣はまたしても廃止され、その後、天平神護二年（七六六）に、大宰府からの要請にもとづいて、部分的な復活ともみられる措置がとられたことはあるが、本格的に復活することはこののちついになかった。

壬申（閏八月二七日）、勅して曰はく、「大宰府の防人に、頃年、坂東の諸国の兵士を差して発遣せり。是に由りて、路次の国、皆、供給に苦みて、防人の産業も亦、弁済し難し。今より已後は、西海道の七国の兵士合せて一千人を差して、防人司に充て、式に依りて鎮戍らしむべし。その府に集る日は、便ち、五教を習はしめよ。」とのたまふ。事は別式に具なり。

（『続日本紀』天平宝字元年＝七五七）

以上、そのときどきの政治状況、社会状況によって、防人の制度はさまざまな変遷をとげているが、北九州の防備にあたる防人の軍団が、基本的にとおい東国から選抜された兵士によって構成されていた期間が長期にわたった、という事実に注目すべきだろう。が、このことはひとまずおいて、「防人」の制度は、法令上どのように規定されていたのかという点をみておかねばならない。いま、『養老令』（軍防令）から、防人に関連した条文をひろって表一にまとめてみよう。

表一　養老軍防令防人関係条文一覧

8	凡そ兵士の上番せむは、京に向はむは一年、防に向はむは三年。行程計へず。
12	凡そ兵士の京に向ふをば、衛士と名づく。〈火別に白丁五人取りて火頭に充てよ。〉辺守るをば、防人と名づく。
14	…其れ衛士防人郷に還らむ日には、並に国内の上番免せ。衛士は一年。防人は三年。
16	凡そ兵士を差して、衛士防人に充てば、父子兄弟、併せて遣ること得じ。若し祖父母父母老疾にして侍すべからむ、家に兼丁無くは、衛士及び防人の限に在らず。
19	凡そ征討する所有らむ、行人を計ふるに、三千以上に満ちなば、兵馬の発たむ日に、侍従を使に充てて、宣勅慰労して発て遣れ。其れ防人一千以上に満ちなば、発たむ日に内舎人を遣はして発て遣れ。
20	凡そ衛士の京に向ひ、防人の津に至らむ間には、皆国司をして親ら自ら部領せしめよ。〈衛士の京に至らむ日には、兵部先づ戎具を検閲して、三府に分配せよ。若し闕き少しきになせること有らば、事に随ひて推罪せよ。〉

津より発たむ日には、専使部領して、大宰府に付けよ。其れ往還するときに、路に在りて、前後に零畳して、百姓を侵犯し、及び田苗を損害し、桑漆の類斫り伐らしむること得じ。若し違へること有らば、国郡状を録して官に申せ。統領の人は、法に依りて罪科せよ。軍行も亦此に准へよ。

55 凡そ防人防に向はむ、若し家人、奴婢及び牛馬、将て行かむと欲ふこと有らば、聴せ。

56 凡そ防人防に向はむ、各私の糧賫て、津より発たむ日には、随ひて公糧給へ。

57 凡そ防人上道して以後、路に在りて破除あらば、差し替ふべからず。

58 凡そ防人発たむとせむとき、罪を犯して禁に在らむ、及び公私の事に対ひて徒に至れるに非ずは、随ひて即ち量りて決して発て遣れ。罪、徒以上に至らば、差し替へよ。

59 凡そ防人至らむとせば、所在の官司、預て部分為れ。防人至りて後の一日に、即ち旧の人と共に、分付交替して訖らしめよ。守当の処は、季毎に更る代る苦楽均平にあらしめよ。

60 凡そ旧の防人替へ訖りなば、即ち程糧給ひて発て遣れ。新人欠少なること有りて、元の数に充たずと雖も、輙く旧の人を以て留め帖ふること得じ。

61 凡そ防人、防に向ひ、及び番より還るに、道に在りて身患して、路渉くに堪へざること有らば、即ち側近の国郡に付けて、糧并せて医薬給ひて救ひ療せ。差えて行くに堪へむを待ちて、然うして後に発て遣れ。仍りて本貫及び前所に移せよ。其れ身死なば、便に随ひて棺給ひて焼き埋めよ。若し資財有らば、兵部に申し送りて、将て本家に還さしめよ。

62 凡そ防人、防に在りて守固するが外に、各防人の多少を量りて、当処の側近に、空閑の地給へ。水陸の宜しき所に遂ひて、斟酌して営種せよ。并せて雑の菜さへに、以て防人の食に供せよ。須ゐむ所の牛の力は官給へ。収らむ所の苗子は、年毎に数を録して、朝集使に附けて、太政官に申せ。

64 凡そ防人防に在らば、十日に一日の休假放せ。病せらば皆医薬給へ。火内の一人を遣りて、専ら将養せしめよ。

これらの条文によると、難波までのながい行軍の食料が自弁（五六条）だったことがわかる（難波以降は支給された）。それに、兵士はもともと武器は自己負担で装備することになっている。

それから、筑紫との往還の途上でやまいにたおれ、あるいはついに運つたなくみまかり、「異国の丘の土」となるといった事例のすくなくなかったこともうかがわれる（六一条）。三年という任地での兵役期間――それも遵守されないばあいがしばしばあったようだ――それに出征時の武器や食料の自己負担などにくわえ、長距離の移動にともなう事故や病気といった危険、故郷をとおくはなれた、気候風土のことなる任地での生活等をかんがえるとき、これが東国農民兵士にとってかなりおもい、過酷な負担であったことがしられよう。

二　背景としての東アジア世界の動向――新羅との関係

さて、それならばこの防人の制度、北九州地域の防衛のための東国農民兵士の派遣制度は、どのような歴史的状況のもとでもうけられたものなのか。かれらは、いったいどのような仮想敵からこの地域を防衛しようとして派遣されていたのか。この点をたしかめるために、すこしまえの時代からの、日本をとりまく東アジア世界の動向を、『続日本紀』や、新羅の歴史をしるした『三国史記』からぬきだして、表二のようにまとめてみた。

表二　七・八世紀の東アジアの動向

六一八	唐帝国の成立
六六三	百済滅亡　白村江の戦
六六四	唐使至る（翌六六五にも唐使至る）

六六八	高句麗の滅亡
六七六	新羅、唐の勢力を半島より駆逐、統一王朝達成
七二二	冬十月…毛伐郡城を築き、日本の賊路を以て遮ぐ（『三国史記』八、新羅本紀、聖徳王）
七三一	夏四月…日本国の兵船三百艘、海を越て我東邊を襲ふ。王将に命じて出兵し、大に破る。（同）
七三五	二月癸卯（一七日）新羅使金相貞、京に入る…癸丑（二七日）、中納言正三位多治比真人県守を兵部の曹司に遣して、新羅使の入朝せる旨を問はしむ。而るに新羅国、輙く本の号を改めて王城国と曰ふ。茲に因りてその使を返し却く。（『続日本紀』）
七三六	遣新羅使任命…（『万葉集』巻一五、遣新羅使人歌群）
七三七	己未（二月一五日）、遣新羅使奏すらく、「新羅国、常の礼を失ひて、使の旨を受けず」とまうす。是に、五位已上并せて六位已下の官人、惣て卌五人を内裏に召して、意見を陳べしむ。（『続日本紀』）
	丙寅（二二日）、諸司、意見の表を奏す。或は言さく、「使を遣してその由を問はしむ」とまうし、或は「兵を発して征伐を加へむ」とまうす。（同）
	夏四月乙巳、使を伊勢神宮、大神社、筑紫の住吉・八幡の二社と香椎宮とに遣して、幣を奉りて新羅の礼无き状を告さしむ。（同）
七三八	是の月（正月）、大宰府奏すらく、「新羅使級飡金想純ら一百卌七人來朝く」とまうす。（同）
	辛酉（六月二四日）、使を大宰に遣して、饗を新羅使金想純らに賜ひて便即放還せしむ。（同）
七四二	冬十月、日本国使至る。納めず。（『三国史記』九、新羅本紀、景徳王）
七四三	乙巳（三月六日）、筑前国司言さく、「新羅使薩飡金序貞ら來朝く」とまうす。是に従五位下多治比眞人土作、外従五位下葛井連広成を筑前に遣して、供客の事を検校せしむ。（『続日本紀』）
	甲午（四月二五日）、検校新羅客使多治比眞人土作ら言さく、「新羅使は調を改めて土毛と偁ひ、書に直に物の数を注すのみ。旧き例に稽ふるに、大きに常の礼を失へり」とまうす。太政官処分すらく、「水手已上を召して、告ぐるに失礼の状を以てし、便即ち放ち却くべし。（同）
七五二	己巳（閏三月二二日）、大宰府奏さく、「新羅の王子韓阿飡金泰廉、貢調使大使金暄と送王子使金弼言らと

	七百餘人、船七艘に乗りて來泊す」とまうす。（同） 六月己丑（一四日）、新羅王子金泰廉ら拝朝す。并せて調を貢る。因て奏して曰はく、「新羅国王、日本に照し臨せる天皇の朝庭に言す。新羅国は、遠朝より始めて、世々に絶えず、舟楫並め連ねて来りて国家に奉る。今、国王親ら来朝して御調を貢進らむと欲ふ。而れども顧み念ふに、一日も主无くは、国政絶え乱る。是を以て、王子韓阿飡泰廉を遣して、王に代へて首とし、使下三百七十餘人を率て入朝せしめ、兼ねて様々の御調を貢らしむ。謹みて申聞す」とまうす。詔し報へて曰はく、「新羅国は遠朝より始めて、世々に絶えず、国家に供奉れり。今復王子泰廉を遣して入朝せしめ、兼ねて御調を貢らしむ。王の勤誠、朕、嘉すること有り。今より長く遠く、撫存を加ふべし」とのたまふ。泰廉また奏言さく、「普天の下、王土に匪ずといふこと無く、率土の浜、王臣に匪ずといふこと無し。泰廉幸に聖世に逢ひ、来朝して供奉ること、歓慶に勝へず。私に自ら備ふる国土の微物を、謹みて奉進る」とまうす。詔し報へたまはく、「泰廉が奏すこと聞す」とのたまふ。（同） 壬辰（一七日）……是の日、新羅使を朝堂に饗す。詔して曰はく、「新羅国、来りて朝庭に奉ることは、気長足媛皇太后の彼の国を平定げたまひしより始りて、今に至るまで、我が蕃屏と為る。而れども、前王承慶・大夫思恭ら、言行怠慢にして、恒の礼を闕失けり。由て使を遣して罪を問はしめむとする間に、今、彼の王軒英、前の過を改め悔いて、親ら庭に来ることを冀ふ。而れども、国政を顧む為に、因て王子泰廉らを遣して、代りて入朝せしめ、兼ねて御調を貢る。朕、所以に嘉歡勤款めて、位を進め物を賜ふ」とのたまふ。また、詔したまはく、「今より以後、国王親ら来りて辞を以て奏すべし。如し、餘人を遣して入朝せしめば、必ず表文を賷しむべし」とのたまふ。（同）
七五三	秋八月、日本国使至る。慢にして無禮なり。王見えず。乃ち廻る。（『三国史記』九、新羅本紀、景徳王）
七五四	丙寅（一月三〇日）副使大伴宿祢古麻呂、唐国より至りぬ。古麻呂奏して曰はく、「大唐天宝十二載〈七五三〉、歳癸巳に在れる正月の朔癸卯、百官・諸蕃朝賀す。天子、蓬莱宮含元殿に朝を受く。是の日、我を以て西畔第二吐蕃の下に次ぎ、新羅使を以て東畔第一大食国の上に次ぐ。古麻呂論ひて曰はく、「古より今に至るまで、新羅の日本国に朝貢すること久し。而るに今、東畔の上に列し、我反りてその下に在り。

	義、得べからず」といふ。時に將軍呉懐実、古麿が肯にせむ色を見知りて、即ち新羅使を引きて西畔第二吐蕃の下に次ぎ、日本使を以て東畔第一大食国の上に次ぐ」といふ。（『続日本紀』）
七五九	壬子（六月一八日）、大宰府をして行軍式を造らしむ。新羅を伐たむとするを以てなり。（同）

こうしてみると、防人制度の出発時点はともかく、その後の経緯、とくに東国からの派遣の制度が復活したこの時期の日本の外交政策のうえで、もっとも緊張関係にあったのが、落日の大国唐ではなくて、隣国の新羅だったことがはっきりする。新羅を属国あつかいにしようと高圧的な態度をとりつづける日本と、朝鮮半島を自力で統一し、さらに唐の勢力を半島から駆逐して自信をつけた新羅とのぶつかりあいだ。この年表に、さきほどの防人関係年表をかさねてみると、はじめはむしろ東アジア世界に君臨する大唐帝国の侵略のおそれに対処して設置されたかとおもわれる防人の制度が、のちには徐々に、新羅との緊張関係に応じて変質していった過程がみてとれるだろう。両国の関係は一進一退をくりかえしつつも、徐々に悪化のみちをたどり、ついには天平宝字三年（七五九）、藤原仲《なか》麻呂《まろ》主導の新羅征討計画にまでおよんだのだった。

ついでにいえば、『万葉集』には、この対新羅関係の緊張を反映する作品群がもうひとつある。七三六年の条にあげておいた、巻一五の前半をしめる「遣新羅使人歌群」（三五七八～三七二二）だ。これは、新羅との緊張関係の打開をめざしてこのとしにおこなわれた使節団の派遣を背景として成立した歌群だが、この作品については、防人らのうたの性格とあい通じるところがあり、のちにすこしふれることがあるかもしれない。

ところで、この北九州地域の防衛に、主としてわざわざとおくはなれた東国の兵士があてられた理由については、岸俊男、直木孝次郎というような代表的な歴史学者たち、あるいは国文学者たちによっても、さまざまに論じられているが、この件に関しては、古代史のただしい理解なしに迂闊に論及することはできない。これに関連してひとつ気になることは、かれら防人農民兵士たちが、この対新羅関係を反映した北九州地域の防衛、ということに関して、どの程度の理解と関心とをもっていたのだろうか、ということだが、あえていえば、おそらくかれらは、理解も関心も、ほとんどもっていなかったのだろう、とおもう。かれらは、自分たちがなんのためにわざわざはるかとおい筑紫へさしつかわされるのか、かならずしも十分には理解できないままに、命令によってながいたびと、その後のながい駐留生活においやられたのではないか。のちにとりあげる、防人歌のテーマや内容についての問題は、主としてはうたという文学形式の問題に発するものだが、事実関係でいえば、そういったところにも、つまり防人らの任務にたいする関心のひくさということにも、いくらかは起因しているだろうとおもう。

といっても、かれらがおくれて開発された地域の住民で、無知蒙昧で、地方レベル以上のことに関してなんの関心ももちえなかったのだ、というのではない。程度の差はあっても、いまや中央集権的律令国家の被統治者として、かれらも自分たちの生活する地方、あるいはもっとせまい村落共同体内部のことにしかめがとどかなかった、というわけではなく、みやこのある畿内地方、そのほかの地域のことがらに対しても、ある程度まではめをひらいていたとおもう。ただそのかれらも、さすがにとおい筑紫のこと、そして隣国新羅との外交関係、というようなことにまでは、その関心がおよばなかったとしても、すこしも不思議ではあるまい。むしろ、筑紫と、そのうみのむこうの「外つ国」とは別に、かれらがよりみぢかに、より切実に感じていた軍事情勢、かれらのみみがききとっていた「いくさ」のとどろき、かれらのはながかぎとっていた「いくさ」のにおい、そういうものが確実にあったとおもう。防人の制度・防人歌とは無関係だが、ここでいったん、まなざしを律令国家の版図の北方に転じてみよう。

三　律令政権と東北地方、そして東国

いま、東北地方への進出をめぐる主要なことがらを『続日本紀』からぬきだして、これも年表風にまとめておこう（表三）。

表三　東北関係年表

七〇八	丙戌（九月二八日）、越後国言さく、「新に出羽郡を建てむ」とまうす。これを許す。
七〇九	秋七月乙卯の朔…諸国をして兵器を出羽柵に運び送らしむ。蝦狄を征たむが為なり。
七一七	丁酉（二月二六日）、信濃・上野・越前・越後の四国の百姓各一百戸を以て、出羽の柵戸に配す。

七三三	十二月己未（二六日）、出羽柵を秋田村高清水の岡に遷し置く。また、雄勝村に郡を建てて民を居く。
七三七	丙申（一月二一日）、是より先、陸奥按察使大野朝臣東人ら言さく、「陸奥国従り出羽柵に達る道男勝を経、行く程迂遠なり。請はくは、男勝村を征ちて直路を通さむことを」とまうす。是に、持節大使兵部卿従三位藤原朝臣麻呂、副使正五位上佐伯宿祢豊人、常陸守従五位上勲六等坂本朝臣宇頭麻佐らに詔して、陸奥国に発し遣したまふ。判官四人、主典四人。 戊午（四月一四日）、遣陸奥持節大使従三位藤原朝臣麻呂ら言さく、「去りぬる二月十九日を以て、陸奥多賀柵に到れり。鎮守将軍従四位上大野朝臣東人と共に平章ふ。且た、常陸・上総・下総・武蔵・上野・下野等の六国の騎兵、惣て一千人を追せり。聞かくは、『山・海の両道の夷狄等咸く疑懼を懐く』ときく。仍て、田夷遠田郡領外従七位上遠田君雄人を差して海道に遣し、帰服へる狄和我君計安塁を差して山道に遣し、並に使の旨を以て慰め喩へて鎮撫せしむ。仍て勇しく健き一百九十六人を抽きて、将軍東人に委ぬ。四百五十九人を玉造らの五柵に分け配る。麻呂ら餘れる三百冊五人を帥ゐて、多賀柵を鎮む。副使従五位上坂本朝臣宇頭麻佐を遣して、玉造柵を鎮めしむ。判官正六位上大伴宿祢美濃麻呂をして新田柵を鎮めしむ。国大掾正七位下日下部宿祢大麻呂をして牡鹿柵を鎮めしむ。自餘の諸の柵は旧に依りて鎮め守らしむ。廿五日、将軍東人、多賀柵より発つ。四月一日、使下の判官従七位上紀朝臣武良士らと委ねらるる騎兵一百九十六人と、鎮兵四百九十九人、当国の兵五千人、帰服へる狄俘二百冊九人とを帥ゐて、部内色麻柵より発つ。即日、出羽国大室駅に到る。出羽国守正六位下田邊史難波、部内兵五百人、帰服へる狄一百冊人を将ゐて、この駅に在りて相待つ。三日を以て、将軍東人と共に賊の地に入る。且つ、道を開きて行む。但し、賊の地雪深く、馬芻得難し。所以に雪消え草生えて、方に始めて発し遣す。（後略）
七五八	辛亥（六月一一日）、陸奥国言さく、「去年八月より以来、帰降へる夷俘、男女惣て一千六百九十餘人なり。或は本土を去り離れて、皇化に帰慕し、或は身は戦場に渉りて、賊と怨を結ぶ。惣て是れ新に来りて良に安堵せず。亦、夷の性は狼心にして、猶予して疑多し。望み請はくは、天平十年閏七月十四日の勅に准へて、種子を量り給ひ、田佃ること得しめて、永く王民として、辺軍に充てむことを」とまうす。これを許す。

七五九	己丑（九月二六日）、勅したまはく、「陸奥国桃生城・出羽国雄勝城を造らしむるに役はれし郡司・軍毅・鎮兵・馬子、合せて八千一百八十人、去ぬる春の月より秋の季に至るまで、既に郷土を離れて、産業を顧みず。朕、茲を念ふ毎に、情に深く矜憫ぶ。今年負へる人の身ごとの挙税を免すべし」とのたまふ。始めて出羽国雄勝・平鹿の二郡と、玉野・避翼・平戈・横河・雄勝・助河、并せて陸奥国嶺基等の駅家とを置く。 庚寅（二七日）、坂東八国、并せて越前・越中・能登・越後等の四国の浮浪人二千人を遷して、雄勝の柵戸とす。及、相摸・上総・下総・常陸・上野・武蔵・下野等の七国の送れる軍士の器仗を割き留めて、雄勝・桃生の二城に貯ふ。 辛未（一一月九日）、坂東の八国に勅したまはく、「陸奥国に若し急速有りて援軍を索めば、国別に二千已下の兵を差し発して、国司の精幹なる者一人を択ひ、押領して速かに相救ひ援けよ」とのたまふ。

ここでも、いちいちの事件についての説明は省略するが、とにかく、この時期、外交の焦点が対新羅問題だったのに対して、内政での重要課題のひとつとして、東北地方への進出政策があったことがわかる。そしてこのふたつは、外交と内政のちがいはあっても、いずれもことが軍事にかかわるだけに、さまざまなかたちで連関していたとかんがえられる。そのことを指摘している先行研究をひとつあげておこう。

しからば、天平度の征討論は何故に征討計画とならなかつたか（ママ）のであるか。我国が新羅の背後に在る唐の勢力を怖れたといふこと、朝廷を中心として仏教に対する情熱が熾然であつたこと、諸国に賑恤を行ふ事件の多かつたこと、東方問題（対蝦夷問題）に力を取られてゐたことなどは凡て新羅に対する外征の師を興し得ない事由には相違ないけれども、之を天平宝字度に比較して見れば、天平度に於いては、征討計画の中心人物が無かつたのが征討計画の樹立を妨げた大きな理由であつたであらうとおもふ。

（和田軍一「淳仁朝に於ける新羅征討計画について」『史学雑誌』三五―一〇・一一、一九二四年）

対外政策の実施が、内政問題によって左右される事態があった、対新羅政策と東方問題が連関していたということが、ここにはのべられている。

ただ、そうしたこととは別に、この、東北地方に関する資料からは、この東北地方進出――それは、土着のひとびと、「夷」「狄」「俘」、さらには「賊」などとされた、一般に「蝦夷」と称される古代東北先住民にとっては、まぎれもなくヤマトによる「侵略」のなでよばれるべきものだったわけで、その点で、もうすこしあとの中世から近世にかけての時代における「蝦夷が島」すなわち北海道のばあいと同様だが、――とにかくそのヤマトの侵略軍の主体が、まさに「坂東」諸国、すなわち筑紫に防人をだしていたとおなじ東国地方の農民兵士によって編成された軍団だったこと、さらに兵士だけでなく、侵略によってあらたに支配・領有するにいたった土地の開発にあたった経営主体、また実際に入植した農民の主体も、おおく東国出身者だったことがみてとれるだろう。

このうち、開発にあたった経営主体、ということに関しては、戊申（二三日）、常陸国那賀郡大領外正七位上宇治部直荒山、私の穀三千斛を、陸奥国の鎮所に献る。外従五位下を授く。

（『続日本紀』養老七年二月）

壬子（二二日）……従七位下大伴直南淵麻呂、従八位下錦部安麻呂、無位烏安麻呂、外従七位上角山君内麻呂、外従八位下大伴直国持、外正八位上壬生直国依、外正八位下日下部使主荒熊、外従七位上香取連五百嶋、外正八位下大生部直三穂麻呂、外従八位上君子部立花、外正八位上史部虫麻呂、外従八位上大伴直宮足ら、私の穀を陸奥国の鎮所に献る。並に外従五位下を授く。

（同　神亀元年二月）

といった史料が注目をひく。常陸国那賀郡大領外正七位上宇治部直荒山とか、外正八位上壬生直国依、香取連五百嶋といった東国の有力農民＝土豪層が、この地方の植民地経営に積極的に関与していることがしられよう（新野直吉『古代東北の開拓』第三章「鎮守政策の進展」塙書房　一九六九年）。

東北地方への進出＝侵略の人的および物的資源を、隣接する東国にあおぐ、これが終始一貫した律令政府の方針だった。もっとも、防人のとおい筑紫への派遣とはことなり、これは合理的かつ効率的な措置といえるかもしれない。のちのちも、たとえばさきにも言及した天平神護二年（七六六）四月の詔勅では、大宰府による、東国からの防人派遣の要請に即応できない理由として、東北地方の緊迫した情勢とのふかいかかわりがのべられているし、事実、三年後の神護景雲三年（七六九）二月には、現在の宮城県地方への、坂東八カ国からの移民をつのっている。

さらにその五年後の宝亀五年（七七四）八月には、やはり坂東八カ国に対して、援軍の出動が命ぜられている。また、宝亀一一年（七八〇）に、参議《さんぎ》にして按察使《あぜち》という、中央政府から派遣された高官紀広純までもが殺害されるという、よくしられる大反乱のなかで、やはり坂東諸国の兵士が緊急に動員されているし、はるかくだって、桓武《かんむ》朝、延暦《えんりゃく》年間の有名な坂上田村麻呂の征討のあと、平定した陸奥への移民の主体は、やはり東国農民たちだったのだ。一方、東国農民自身も、たとえば光仁《こうにん》朝の宝亀三年（七七二）一〇月には、下野国、すなわち現在の栃木県地方の農民が、大挙して東北地域に逃亡している。これは、新天地での生活に活路をもとめた、律令政権下の班田農民の抵抗のひとつのありかたといえようが、その逃亡さきが、ほかならぬ東北地方だったということが、東国のひとびとの東北地方とのつながりをよくしめしているとおもわれる。

このように、とおいとおい筑紫の、しかも隣国新羅との外交関係にかかわる事態とはちがい、地つづきの東北地方のことであるうえに、さまざまな意味で直接の動員、あるいは進出の対象となったわけだから、東国のひとびとが東北地方の動向によせる関心の程度は、北九州などとはくらべものにならないほどにたかかったのではないだろうか。

それと、これは「蝦夷」問題という、歴史学・人類学の領域で侃々諤々《かんかんがくがく》の議論になっている問題なので、迂闊にいうべきことではないが、東北地方先住民、いわゆる「蝦夷」の文化が、かつて東日本のどの程度の範囲にまでおよんでいたか、議論のわかれるところだが、すくなくとも東国地方にまでは、それがおよんでいた可能性は皆無ではないだろう。

東国農民たちにとって、東北地方というのは、北九州地域どころか、律令政権の中央地帯たる畿内などにくらべても、はるかに親縁性を感じさせる地域だったのではないだろうか。したがってまた、これは単なる憶測の域をでないが、古代東国地域には、防人歌などとはくらべものにならないくらいふかいかかわりをもった、東北地方との関係をしめすような口頭伝承、東北地方に出征した兵士たちの歌謡などが誕生していた可能性はあるとおもうのだが、残念ながらそれらは口誦の世界にうもれて、わたくしたちのしることのできない過去の東国の歴史のなかに埋没してしまったのだろう。天平勝宝七歳の防人歌のばあいが、いかに稀有のケースであるかを、あらためておもわざるをえない。

四 『万葉集』巻二〇防人歌の表情

さて、しかし、稿者にあたえられたテーマは、こうした歴史の問題ではなく、あくまでも「防人歌」という文学の問題だ。そこにいきつくまえに、制度や歴史についての説明に紙数をついやしてしまったが、そろそろ防人歌の本体にきりこんでいかなければならないとおもう。

そこで、まずはじめに、『万葉集』への、防人歌の採録状況を表四にまとめてあげておこう。

表四　万葉集防人歌一覧

天平勝寶七歳乙未二月相替遣筑紫諸国防人等歌（巻二〇）		
二月六日採録	遠江国	四三二一～四三二七
七日採録	相模国	四三二八～四三三〇
七日（九日）採録	駿河国	四三三七～四三四六
九日採録	上総国	四三四七～四三五九
一四日採録	常陸国	四三六三～四三七二
同日採録	下野国	四三七三～四三八三
一六日採録	下総国	四三八四～四三九四
二二日採録	信濃国	四四〇一～四四〇三
二三日採録	上野国	四四〇四～四四〇七
二九日採録	武蔵国	四四一三～四四二四
昔年防人歌		四四二五～四四三二
昔年相替防人歌		四四三六
＊巻一四　防人歌		三五六七～三五七一

天平勝宝七歳の諸国の防人歌等の採集状況はおよそこのとおりだ。なかで三箇所ほど、歌番号―いわゆる旧国歌大観番号―がとんでいるところがあるが、ここには、このときに兵部少輔という、防人を管轄する兵部省の高官として、防人軍団を検閲するために難波に出張していて、その機会に防人らのうたの蒐集を命じた大伴家持自身が、防人らへの共感をこめて制作した作品がはさまっている。これらの長歌を主体とする家持作品の表現に関しては、近年研究がすすんできているが、ここでは考察の対象からははぶいておきたい。それと、掲出は省略したが、各国の防人歌のおしまいにそえられている左注によると、たとえば最初に二月六日に提出されている遠江国のばあいには、

二月六日に防人部領使遠江国史生坂本朝臣人上が進る歌の数十八首。但し、拙劣の歌十一首有るは取り載せず。

などとあって、おそらく直接の蒐集者たる各国の防人の引率者「防人部領使」が家持に提出し

た作品は、もっと多数だったのが、家持が「拙劣」な作品を削除して、現在わたくしたちがみることのできる八四首だけがのこっているわけだが、もともと提出された総数は、削除された歌数をくわえると、その倍ちかくあったことがしられる。また、『万葉集』の防人歌としては、ほかに、おなじ機会に家持が入手した「昔年」および「昔年相替」防人歌あわせて九首、それにこれら巻二〇所収のものとは別に、巻一四の東歌の部におさめられている「防人歌」五首がある。

さて、いよいよ防人歌自体の問題にきりこんでいくわけだが、まずはじめに、これらの防人歌が具体的にどんな表情をみせているか、かれらがなにをうたっているのかを確認していこう。というのも、「防人歌」ということばから一般におもいうかべられる——あるいは、かつておもいうかべられた——内容と、実際の作品とのあいだには、おおきな径庭があるとおもわれるからだ。すぐる太平洋戦争の時期に、戦意高揚のスローガンとしてこの『万葉集』の防人歌が利用されたことはよくしられている。さきほどの防人歌の採録状況をしめした表でいうと、二月一四日に採録された下野国、現在の栃木県地方の防人らのうたの最初にあげられている、火長今奉部与曾布《いままつりべのよそふ》のうたった

今日よりはかへり見なくて大君の醜の御楯と出で立つ我は　（四三七三）

今日からは、後ろを振り返るような未練は見せず、大君の立派な楯となるぞ、とて勇んで

出立するのだ。

といううたなどがそれだ。このうた以外にも、「大君の命かしこみ」というような共通句を有するうたはかなりみられる。これが国民を戦争にかりたてる、忠君愛国のスローガンとしてはもってこいのうたとされたわけだ。

太平洋戦争中の一九四三年にかかれた、防人歌研究の不朽の名著とされている吉野裕の『防人歌の基礎構造』では、こうした表現から、そこに東国農民兵士たちの、服従のちかいのことばとしての防人歌の本質をみいだしている。しかし、これは防人歌全般についていえることなのだろうか。たとえ「大君の命かしこみ」といううたいだしをもっていても、それはたとえば、

大君の命恐み磯に触り海原《うの》渡る父母を置きて　（四三二八）

とか、

大君の命恐み出で来れば我ぬ取り付きて言ひし児なはも　（四三五八）

というふうに、むしろ家族や愛するものとのわかれを余儀なくさせるものとして、「大君の命」がいわばネガティブに言及されているばあいが圧倒的におおい。

要するに、さきにあげた、「大君の醜の御楯と出で立つ」というような、いさましい内容のうたは、防人歌のなかではむしろ例外中の例外に属するといってよいとおもう。それに、すでに『防人歌の基礎構造』の著者の吉野自身がするどく指摘していたように、この今奉部与曾布

というのは、ヒラの兵士ではなく、火長という、下士官級の幹部兵士だったことも考慮すべきだろう。吉野もそのあたりのことは十分承知していたから、

しかも、この歌を冒頭とする歌群に興味ある様相は、かうした厳粛な歌にみちびかれながら、うたげの歌の進行とともに漸次「私的」感情の詠出となつて、いはば形の崩れる過程を見せてゐる点にある。

として、防人たちのうたが、全体としてはむしろ私的な感情、つまり家族との別離をかなしみ、行旅のつらさをうったえることをむねとしていることを、さりげなくのべている。しかし、この名著の上梓された昭和一八年という戦時下のきびしい状況のもとでは、このような韜晦の方法、「奴隷のことば」をもちいなければ、こうした本は出版することさえゆるされなかったのではないだろうか。

要するに、戦意高揚に役だつようないさましいうたは、防人歌のなかにはほとんどないのだということを確認しておきたい。では、防人歌のおおくはどのようなうたなのか、実際に防人たちがうたっているのはどんなテーマだったのだろうか。それはこんなふうにまとめることができるとおもう。

1　防人歌は本来的に悲別歌的ないし羈旅《きりょ》発思歌的、つまり相聞《そうもん》歌的性格をもつものであること

2　防人歌のうみだされ、うたいつがれた〈場〉のすくなくともひとつは、父母・妻子などの家族も参加してのものだったこと

3　防人らの郷里からのたびだちの時点およびたびの途次に、防人歌の生産・誦詠の主要な「場」がもとめられること

これは、旧稿「防人歌試論」（『万葉』八二、一九七三年）でのべた趣旨だが、現在でも、ここにあげたようなとらえかたがそれほどまちがっているとはおもっていない。この三点について、ひとつずつ、簡単に説明をくわえておこう。

まず1の、「防人歌は本来的に悲別歌的ないし羈旅発思歌的、つまり相聞歌的性格をもつものであること」ということについてだが、ここでつかっている「悲別」あるいは「羈旅発思」ということばは、たとえば巻一二の「部立て」というか、分類項目につかわれている名称で、そこにおさめられているのは、「旅立ち」に際してわかれをかなしむうたと、旅中で孤独なたびのくるしさをなげき、また故郷にのこしてきた家人をおもううただ。そして、この巻一二は、巻一一とともに「古今相聞往来歌類」の上下二巻を構成する巻なのだから、これらは相聞歌の下位分類ということになるので、結局、万葉時代のひとびとにとって「旅の歌」「羈旅歌」の中核のひとつは、すなわち相聞歌にほかならなかったのだ、ということがわかる。むろん、たびのうたのすべてがこうした相聞歌的性格のうたであったわけではない。もう一方には、たと

えば旅中の土地の景観をたたえるものがあるわけだが、防人歌に関係するのは、もっぱらこの悲別歌的ないし羈旅発思歌的、つまり相聞歌的な性格のうたなのだ。

それでは、このような「旅の歌」のありかたは、どこに、またなにに由来するものなのだろうか。それは、もともと折口信夫《おりぐちしのぶ》などのとなえた「民俗学」の視点から、羈旅信仰＝たびにまつわる信仰の問題として説明されている。そして、それを万葉集の羈旅歌に即して、よりくわしく論じているのが、万葉学者伊藤博の「家と旅」（『万葉のいのち』塙新書五五、一九八三年）等の論文だ。

これは、ひとくちでいえば、たびにあるもの——おおくは男性——の安全は、むろんひとつには、いくさきざきの土地土地を支配する神霊に左右されるとかんがえられていた。だから、たびにおいてはしばしば、土地の「神」への挨拶のような作品がよまれている。それが、たびさきの土地の景観をほめたたえるうたの本質なのだ。しかし、それとともに、一方では、旅行者の安全は、いえにいて留守をまもる家人、つまたちのてにゆだねられていると信じられていた。それで、つまたちが「魂まつり」をし、また精進潔斎して、旅人の安全を祈願することがもとめられた。またそのゆえに、たびさきにあるものは、いえのつまをおもううたをよみ、またいえのつまは、たびさきにあるものの無事の帰還をまちのぞむうたをよんだ、ということだ。

さてそこで、防人歌のばあいだが、東国の農民兵士たち、そしてその家族らも、うたにおいて、自身の、あるいは家族の一員の防人への選抜と、難波への集結、そして筑紫への赴任を、ひとつのおおきな「旅」としてとらえた、そしてその「旅の歌」をうたった、ということなのだとおもわれる。

むろん、かれらにとっても、この防人としての出征は、通常のたびとはまったくことなる経験になるはずのものだっただろう。とおい筑紫へのたび、最短でも三年のながきにわたる異郷の地での滞在は、現在のわたくしたちの感覚でいえば、長期の外国出張、あるいはそれ以上の、想像を絶するような体験だったとおもわれ、かれらがそのことを理解していなかったはずはない。しかし問題は、ひとたびかれらが、それをうたとしてうたう段になると、既成のたびのうたのわくぐみ・発想形式にのっとってうたうしかなかった。それはどうしてかというと、うたにはそういうメカニズムがはたらいていたのだろう。おもったこと、感じたことがそのままうたのことばになるわけではない、ということなのだ。このことについては、のちにのべよう。

つぎに、2について。これは、そのあとの3とも関係するのだが、実際に、家族たちに直接よびかけた防人のうたがあり、また武蔵国のばあいは、防人自身とそのつまとの唱和のうた、といったようなシチュエーションのうたが採録されているから、まちがいない。

だとしたら、それらは防人のたびの、いつ、どのような時点でよまれたのかというと、ただちにそれは3の問題につながるわけだが、諸国の防人集団が集結して、兵部省の役人の検閲をうける難波まで、家族が随行することはほぼ不可能だから、おそらくそれは、家郷からの「旅立ち」にあたってとか、それから、兵士は通常、だいたい郡単位で軍団に編成されているから、いったん軍団の所在地、すなわち各郡の郡家・郡衙の地に集結し、そこからさらに国府に集合して、そこから各国の防人の引率者たる「防人部領使（ことり）」のもとに統率され、難波にむかったとおもわれるが、その国府までのあいだの、つまり国内のどこかで、もよおされた送別の宴などが、その舞台だったのだろう。いちばん蓋然性のたかいのは、かれらが故郷を出立するときだとおもわれる。むろん、兵士たちはその後、家族とわかれ、防人部領使に引率されて難波にむかうみちすがら、また難波に集結して、兵部省の高官の検校をうけ、いよいよ乗船して筑紫にむかうまでのあいだにも、うたげの機会、うたをよむ機会があったかとおもわれる。当然、さきほどの四三五八番歌のように、すでに故郷からの出立の時点を過去のものとする発想のうたもあるわけだ。

このように、それらの「場」のおのおのの具体的な状況について、うたに即してある程度まで復元することができるが、いま、そのすべてについて説明している余裕がない。その全容についてあきらかにした研究としては、前掲吉野『防人歌の基礎構造』がある。また、これも前掲の拙稿で、この点にすこしくふれているので、参照されたい。

さてそこで、さきにのべた「旅立ちのうたの場」に焦点をしぼりたい。そこでは、家郷からの出征に際して防人らが父母、つまなどの家族によびかけたうたと、夫婦唱和による惜別のうた（これは武蔵国にかぎられる）、このふたつのケースがみられる。一部に東国方言かとおもわれる、なじみにくい語句やいいまわしはあるものの、それをのぞけば、さほど難解な表現はなく、かれらの心情がかざりけのないことばでうたわれていることがしられよう。

父母が殿の後方の百代草百代いでませわが来たるまで　（四三二六　遠江国）
　右の一首、同じ郡の生壬部足国

国めぐるあとりかまけり行きめぐり帰り来までに斎ひて待たね　（四三三九　駿河国）
　右の一首、刑部虫麻呂

真木柱ほめて造れる殿のごといませ母刀自　面《おめ》がはりせず　（四三四二　同）
　右の一首、坂田部首麻呂

あが面《もて》の忘れも時《しだ》は筑波嶺を振りさけ見つつ妹はしぬはね　（四三六七　常陸国）
　右の一首、茨城郡の占部小龍

白玉を手に取り持して見るのすも家なる妹をまた見てももや　（四四一五　武蔵国、以下同）
　右の一首、主帳荏原郡の物部歳徳

草枕旅行く夫なが丸寝せば家《いは》なるわれは紐解かず寝む　（四四一六）
　右の一首、妻の椋橋部刀自売

家ろには葦火《あしふ》焚けども住みよけを筑紫に至りて恋しけもはも　（四四一九）

右の一首、橘樹郡の上丁物部真根

草枕旅の丸寝の　紐絶えば　あが手と付けろ　これの針《はる》持し　（四四二〇）

右の一首、妻の椋椅部弟女

わが行きの息つくしかば足柄の嶺延ほ雲を見とと偲はね　（四四二一）

右の一首、都筑郡の上丁服部於由

わが背なを筑紫はやりてうつくしみ帯は解かななあやにかも寝も　（四四二二）

右の一首、妻の服部呰女

たとえば、常陸国の防人占部小龍のうた（四三六七）では、「面影を偲ぶ」という行為の基底に、おそらくさきほどのべたような、羇旅信仰にもとづく呪術的な意義があるのだろう。それと、筑波のやまがよみこまれているのは、それが、この防人の出身地茨城郡と、となりの新治郡とのさかいにあって、つねひごろしたしんでいた景観であるばかりでなく、信仰の対象として、またとりわけ、『常陸国風土記』の記述や『万葉集』所収の高橋虫麻呂の作品でしられる「歌垣の場」として、かれらふたりの「出会い」の「場」であったからかもしれない。

夫婦唱和の詠からも、ひとくみだけみてみよう。物部真根とつまの椋椅（くらはし）部弟女の唱和のうたは、ちょっとかみあっていないようにもおもわれるが、「葦の燃える炉辺」も「針」

も、いわゆる嘱目《しょくもく》の景物で、想像をたくましくするならば、防人のいえでの、一族があつまっての送別の宴のひとこまだろう。そしてつまは、こころをこめて用意した良人の「旅支度」のひとつとして、「針」をかかげてうたっているのだろう。まさに生活のにおいがたちのぼってくるひとこまだ。また、「紐」をうたうのは、いうまでもなくそれが、したいあう男女をむすびつける、呪術的な存在だったからにほかならない。

つぎは、家郷からの「旅立ち」のあと、いよいよ故郷の山河とわかれて、沿道の諸国を通過し、難波に到着するまでのあいだのどこかで、あるいは難波到着後、検閲をうけ、乗船して筑紫へむかうまでの滞在期間中にうたわれたとおもわれる、兵士たちの家郷をおもううただが、防人らはそこで、もっぱら家族妻子をはるかにしのぶ心情を切々とうたいあげている。

わが妻はいたく恋ひらし飲む水に影《かご》さへ見えてよに忘られず　（四三二二　遠江国）

右の一首、主帳丁麁玉郡の若倭部身麻呂

わろ旅は旅と思《おめ》ほど家《いひ》にして子持ち痩すらむわが妻《み》かなしも　（四三四三　駿河国）

右の一首、玉作部広目

常陸さし行かむ雁もがあが恋を記して付けて妹に知らせむ　（四三六六　常陸国）

右の二首、信太郡の物部道足

行こ先に波なとゑらひ後方《しるへ》には子をと妻をと置きてとも来ぬ　（四三八五　下総国）

右の一首、葛飾郡の私部石島

わが家ろに行かも人もが草枕旅は苦しと告げ遣らまくも　（四四〇六　上野国）

右の一首、大伴部節麻呂

ここも一例だけあげるなら、駿河国の防人玉作部広目の作、ここにはあきらめのなかにもうらめしさと、「わが妻かなしも」という切ないおもいがあふれている。そもそも兵士は正丁、すなわち二一歳以上六〇歳以下の、いわば一家のはたらきざかりの男子から選抜されているわけだから、その一家の「大黒柱」的な存在が、通常の兵役とはくらべものにならないくらい長期にわたって不在となるいえでは、口分田《くぶんでん》耕作などの労働負担が、のこされた家族のかたにずっしりとおもくのしかかってきたとおもわれる。したがってこれは、こうしたうたをよんだ兵士だけのものではなく、その「場」につどう防人らのひとしくもつ共通感情だったのだろう。

さて、「旅立ち」のうたも、旅中でのうたも、防人歌なるものの実態は、およそこのようなものだった。かれらはつくべき任務、たたかうべきいくさについてうたっていない。なにゆえに防人らのうたは、かれらの兵士としての使命をうたうことがすくなかったのだろうか。

かれらの精神が、それをこばんだのだ、とかんがえることはたやすいだろう。かれらはふるさとのむらでの、家族とともにある生活を愛し、そこからかれらをひきはなす長期の兵役を、いくさをいとうていたのだ、だからそれをうたうことをこばんだのだ、と。しかし、巻二〇防人歌群は、かれらが自発的によんだというよりは、あらかじめ兵部省の高官のもとめに応ずるものだということをしらされていた可能性がたかい。そうでないとしても、各国の防人兵士集団の引率者たる国司に命ぜられて提出するうたうたが、そのような性質でよいとおもったとはかんがえられない。しかし事実は、かれらのうたはまさに「旅の歌」「相聞の歌」でしかなかった。しかも、うたをよんだ防人らだけでなく、それらを蒐集した国司たちも、さらにそこからこれらのうたうたを選抜した兵部少輔大伴家持も、なんのためらいもなくそうしたうたどもをえらびいれている。防人らのうたがそのような性質のものだということは承知のうえ、いわばおりこみずみのことだった、というふうにかんがえざるをえない。

むろん、さきにも推測したように、防人らにとっても、この防人としての出征は、通常のたびとはまったくことなる過酷なものになるはずのものだったろう。しかし、これもすでにのべたごとく、かれらが、ひとたびそれをうたとしてうたう段になると、既成のうたのわくぐみ、発想形式にのっとってうたうしかなかった――うたにはなにかそういうメカニズムがはたらいていたのだろう。それは、精神の問題なのではなく、あくまでもうたというものの性格にもとづくものなのだとおもう。

あえていうならば、うたは、いくさや兵役をうたうことができなかった。といっても、かれら東国農民兵士集団が、いくさの実態をしらなかったというわけではない。かれらはすくなくとも、地つづきの東北の地で、蝦夷あいてのちみどろの実戦がくりひろげられていることをしっていたとおもわれる。兵役のつらさ、戦闘の残酷さもみにしみてわかっていたはずだ。しかしかれらは、それをうたわなかった――というより、うたえなかったのだ。それらは、うたうべきことがらではなかったからだ。

こういうと奇異の念をもたれてしまうかもしれない。日本の文学伝統において、こころにおもうことはそのまますなわちうたのことばになりうるものだったのではないか、と。たしかに、うちなる感情や意欲がそのままくちをついてほとばしりでるもの、それがうただ、なにごとによらず、こころにおもうことはうたに託しうるのだ、と、たとえば有名な『古今和歌集』の「かな序」はたからかに宣言していた。それが、『毛詩』以来の中国の伝統的な文学観にまなんだ古代日本の「うた」の観念だった。いま現在も、そのような通念がまかりとおっているかもしれない。しかし、後代はともかくとして、この時代、和歌はまだおおくの制約をかかえる文学形式だった。いや、この時代どころか、ずっとのち、平安朝にいたるまで、基本的にはそうだったとおもう。それは、和歌というものの性格に起因するだろう。ひとびとの認識が文学表現になる、というのは基本的にただしいとしても、認識されたものがすべて文学に表現されうるわけではない。くりかえしいうが、おもったこと、感じたことがそのままうた＝和歌のことばになるというような楽天的な文学観は、そこではなりたたない。とくに和歌という文芸は、テーマ上制約のおおきいジャンルで、和歌がうたいえないテーマがたくさんあった。「いくさ」、軍事的な内容もそのひとつだったのだ。

もっとも、和歌の母胎となった古代歌謡のばあい、戦闘歌謡として「久米歌」があることはよくしられているが、それとて、もともとの内容そのものは、むしろ酒宴のうたとでもいうべきもので、内容も、いくさ自体をうたっているわけではないことは周知のとおりだ。おそらく、例外はあってもいくさという素材、あるいは主題が和歌の世界に本格的に登場するのは、古代末の源平の争乱に際してで、それも、藤原定家などは「紅旗征戎は我がことにあらず」といってはばからないように、和歌の主要なにないてだった貴族社会全体の認識とはいえない。この時期、いくさを和歌の世界で対象化しえたのは、わずかに、みずからも武門のいえがらに生をうけた西行などにおいてだったといってよいだろう。

後代のことはさておくとして、天平勝宝七歳度の諸国の防人だけでなく、その先輩たち――かれらののこしたうたは、さきほどあげておいた、巻二〇にこれとならんでおさめられている「昔年防人歌」「昔年相替防人歌」や、巻一四「東歌」に収録されているわけだが――それらもおおく、応召・出征といったテーマを直接にうたいあげることはなく、うたの伝統にならって、「旅の歌」というわくぐみのなかでうたったのだった。

ちなみに、天平八年（七三六）の遣新羅使人らのうた――巻一五の前半にそれらは収録されているが――このうたうたもまた、かれらの困難な外交使節としての使命にはいっさいふれることなく、ひたすらにかれらのつらい「旅」をうたいつづける。しかもその大部分は往路のうたで、目的地新羅での作は一首も採録されていない。むろんそこには、この巻の編集の問題がからんではいるだろうが、やはり本質的にそれらは「旅の歌」の伝統にのっとったものだったのだ。

最後に、とおい筑紫の地に派遣された東国農民兵士の生活がどのようなものであり、そのなかでかれらがなにをおもい、なにをなやんだか、ということにおもいをはせてみたい。といっても、残念ながら、みてきたような防人歌の採録の経緯やその性格からいって、防人歌にはそのような筑紫の任地での、望郷のおもいをこめたうたなどは当然のこされていない。はじめの方ですこしふれたが、天平神護二年（七六六）四月の勅などによれば、防人として筑紫に派遣されて、いろいろな事情からそのまま東国に帰還しないで筑紫の地にとどまっていたものなどもいたようだ。防人の制度の周辺にはやはりさまざまな人間の悲喜劇がおきていたのだろう。ばちがいな想像をめぐらせるならば、そこにはイタリア映画「ひまわり」にえがかれたような、家族の悲劇も、たくさんうみだされていただろう。

防人歌はともかくとして、歴史資料からも、そうしたことまではなかなかほりおこせないが、さいわいここに、防人の制度がうんだ悲劇のひとこまをかたってくれる説話が記録されている。

最古の説話集といわれる『日本霊異記』（中巻）におさめられているはなしだ。

悪逆の子、妻を愛し、母を殺さむと謀り、現に悪死を被る縁　第三

吉志大麻呂は、武蔵国多麻の郡鴨の里の人なり。大麻呂の母は日下部《くさかべ》眞刀自なり。聖武天皇の御世に、大麻呂、大伴に筑紫の前守《さきもり》に点されて、三年を経べかりけり。母は子に従ひ往きて、相養ひき。その婦は国に留まりて家を守る。時に大麻呂、己が妻を離れて去き、妻の愛に昇《た》へずして逆《さかしま》なる謀を発し、我が母を殺し、その喪に遭ひて服し、役を免れて還り、妻と倶に居むと思ふ。母の自性《ひととなり》、善を行ふを心とす。子、母に語りて言はく、「東の方の山の中に、七日法花經を説き奉る大會有り。率《いざ》、母よ、聞かむ」といふ。母欺かれ經を聞か將と念ひ、心を發し、湯に洗ひ身を淨め、倶に山の中に至る。子、牛の目を以て母を眦《にら》むで言はく、「汝、地に長跪《ひざまづ》け」といふ。母、子の面を瞻《まば》りて答へて曰く、「何の故にか然言ふ、若し汝鬼に託へるや」といふ。子、横刀《たち》を抜きて母を殺《き》らむとす。母、即ち子の前に長跪きて言はく「木を殖うる志は、彼の菓《このみ》を得、並びに其の影に隠れむが爲なり。子を養ふ志は、子の力を得て、并せて子の養ひを被らむが爲なり。恃《たの》めし樹に雨漏るが如く、何ぞ吾が子、思ひに違ひて今異しき心在る」子遂に聽か不。時に母侘傺《わび》て、身に著たる衣を脱きて三處に置き、子の前に長跪き、遺言して言はく「我が爲に詠ひ裹《つつ》め。以て、一つの衣は、我が兄の男、汝得よ、一つの衣は、我が中の男に贈りたまへ、一つの衣は、

我が弟の男に贈りたまへ」といふ。逆なる子歩み前みて、母の項を殺ら将とするに、地裂けて陥る。母即ち起ちて前《すす》み、陥る子の髪を抱き、天を仰ぎて泣き願はくは「吾が子は物に託《くる》ひて事を為す。実の現し心に非ず。願はくは罪を免したまへ」といふ。猶髪を取りて子を留むれども、子終に陥る。慈母、髪を持ちて家に歸り、子の爲に法事を備《まう》け、其の髪を筥に入れて佛像の前に置き、謹みて諷誦を請く。（後略）

この、慈母をころそうとして地獄におちた吉志大麻呂という悪逆の徒も、防人という過酷な状況におかれさえしなければ、普通の「息子」、普通の「良人」でいられたのではないかとおもって、稿者などはむしろかれに同情すらしてしまうのだ。そして、そうした「普通の」人間をくるわせてしまうような状況は、このくにの歴史のうえにくりかえされた「いくさ」のたびごとに、太平洋戦争までふくめて、そしてあるいは現にこのいまも、世界のどこかで、おこっていることとなのかもしれない。

はたして近代短歌は、古典和歌とはことなり、そうした人間のかなしみをうたいうるものになったのだろうか——しかしそれはもはや、稿者にあたえられたテーマの範囲をこえる問題だろう。

（二〇〇八年一二月二一日稿）

関連文献一覧　*原則として単行本のみ

全体に関わる文献

石母田正『日本の古代国家』岩波書店、一九七一年
鬼頭清明『日本古代国家の形成と東アジア』校倉書房、一九七六年
笹山晴生『古代国家と軍隊』講談社〈学術文庫〉、二〇〇四年〈初出一九七五年〉
笹山晴生『日本古代衛府制度の研究』東京大学出版会、一九八五年
田村晃一・鈴木靖民編〈新版古代の日本〉2『アジアからみた古代日本』角川書店、一九九二年
西嶋定生『日本歴史の国際環境』東京大学出版会、一九八五年
堀敏一『東アジアのなかの古代日本』研文出版、一九九八年
李成市『古代東アジアの民族と国家』岩波書店、一九九八年

府兵制に関する文献

氣賀澤保規『府兵制の研究』同朋社、一九九九年
谷霽光『府兵制度考釈』上海人民出版社、一九七八年
孫継民『唐代行軍制度研究』台北文津出版社、一九九五年
張国剛『唐代政治制度研究論集』台北文津出版社、一九九四年

唐代史研究会編『律令制　中国朝鮮の法と国家』汲古書院、一九八六年
唐長孺『唐書兵志箋正』科学出版社、一九五七年
唐長孺『山居存稿』中華書局、一九八九年
唐長孺『魏晋南北朝隋唐史三論』武漢大学出版社、一九九二年
濱口重國『秦漢隋唐史の研究』上、東京大学出版会、一九六六年

白村江の戦・壬申の乱に関する文献

亀田隆之『壬申の乱』至文堂（日本歴史新書）、一九六一年
北山茂夫『壬申の内乱』岩波書店（岩波新書）、一九七八年
鬼頭清明『白村江』教育社、一九八一年
金栄官『百済と錦江』書景文化社、二〇〇七年
倉本一宏『日本古代国家成立期の政権構造』吉川弘文館、一九九七年
倉本一宏〈戦争の日本史〉2『壬申の乱』吉川弘文館、二〇〇七年
倉本一宏『壬申の乱を歩く』吉川弘文館、二〇〇七年
西郷信綱『壬申紀を読む』平凡社（平凡社選書）、一九九三年
遠山美都男『壬申の乱』中央公論新社（中公新書）、一九九六年
直木孝次郎『壬申の乱』塙書房（塙選書）、一九六一年、増補版は一九九二年
早川万年『壬申の乱を読み解く』吉川弘文館（歴史文化ライブラリー）、二〇〇九年
星野良作『研究史　壬申の乱』吉川弘文館、一九七三年

星野良作『壬申の乱研究の展開』吉川弘文館、一九九七年
森公章『古代日本の対外認識と通交』吉川弘文館、一九九八年
森公章『「白村江」以後』講談社（講談社選書メチエ）、一九九八年
森公章〈戦争の日本史〉1『東アジアの動乱と倭国』吉川弘文館、二〇〇六年
森浩一・門脇禎二編〈第三回春日井シンポジウム〉『壬申の乱』大巧社、一九九六年
山本幸司『天武の時代』朝日新聞社（朝日選書）、一九九五年
盧重国『百済復興運動史』一潮閣、二〇〇三年

文字文化に関する文献

泉井久之助『言語の構造』紀伊国屋出版、一九六七年
伊藤博『萬葉集の構造と成立』塙書房、一九七四年
乾善彦『漢字による日本語書記の史的研究』塙書房、二〇〇三年
犬飼隆『上代文字言語の研究』笠間書院、一九九一年
犬飼隆『木簡による日本語書記史』笠間書院、二〇〇五年
犬飼隆『漢字を飼い慣らす』人文書館、二〇〇八年
犬飼隆『木簡から探る和歌の起源』笠間書院、二〇〇八年
上原真人・白石太一郎他編〈列島の古代史〉6『言語と文字』岩波書店、二〇〇六年
沖森卓也『日本古代の表記と文体』吉川弘文館、二〇〇〇年
沖森卓也『日本語の誕生　古代の文字と表記』吉川弘文館（歴史文化ライブラリー）、二〇〇三年

岸俊男他編〈日本の古代〉14『ことばと文字』中央公論社、一九八八年、文庫は一九九六年
工藤元男・李成市編『東アジア古代出土文字資料の研究』雄山閣、二〇〇九年
国立歴史民俗博物館『古代日本　文字のある風景』国立歴史民俗博物館、二〇〇二年
東野治之『正倉院文書と木簡の研究』塙書房、一九七七年
東野治之『書の古代史』岩波書店、一九九四年
東野治之『日本古代金石文の研究』岩波書店、二〇〇四年
平川南『古代地方木簡の研究』吉川弘文館、二〇〇三年
平川南・栄原永遠男他編〈文字と古代日本〉1『支配と文字』吉川弘文館、二〇〇四年
藤井茂利『古代日本語の表記法研究』近代文芸社、一九九六年
馬渕和夫『上代のことば』至文堂、一九七〇年
馬渕和夫『古代日本語の姿』武蔵野書院、一九九九年
山口佳紀『古代日本文体史論考』有精堂、一九九三年

『万葉集』と防人歌に関する文献

伊藤博『万葉集の歌人と作品』上・下、塙書房、一九七五年
伊藤博『万葉のいのち』塙書房（塙新書）、一九八三年
神野志隆光・坂本信幸編『万葉の歌人と作品』一、和泉書院、一九九九年
斉藤茂吉『万葉秀歌』上、岩波書店（岩波新書）、一九三八年
土橋寛『万葉集開眼』上、日本放送出版協会（NHKブックス）、一九七八年

直木孝次郎『夜の船出』塙書房、一九八五年
林田正男『万葉防人歌の諸相』新典社、一九八五年
身崎壽『額田王』塙書房、一九九八年
水島義治『万葉集防人歌全注釈』笠間書院、二〇〇三年
水島義治『万葉集防人歌の研究』笠間書院、二〇〇九年
吉井巌『万葉集の視角』和泉書院、一九九〇年

大化の改新（乙巳の変）・壬申の乱関係系図

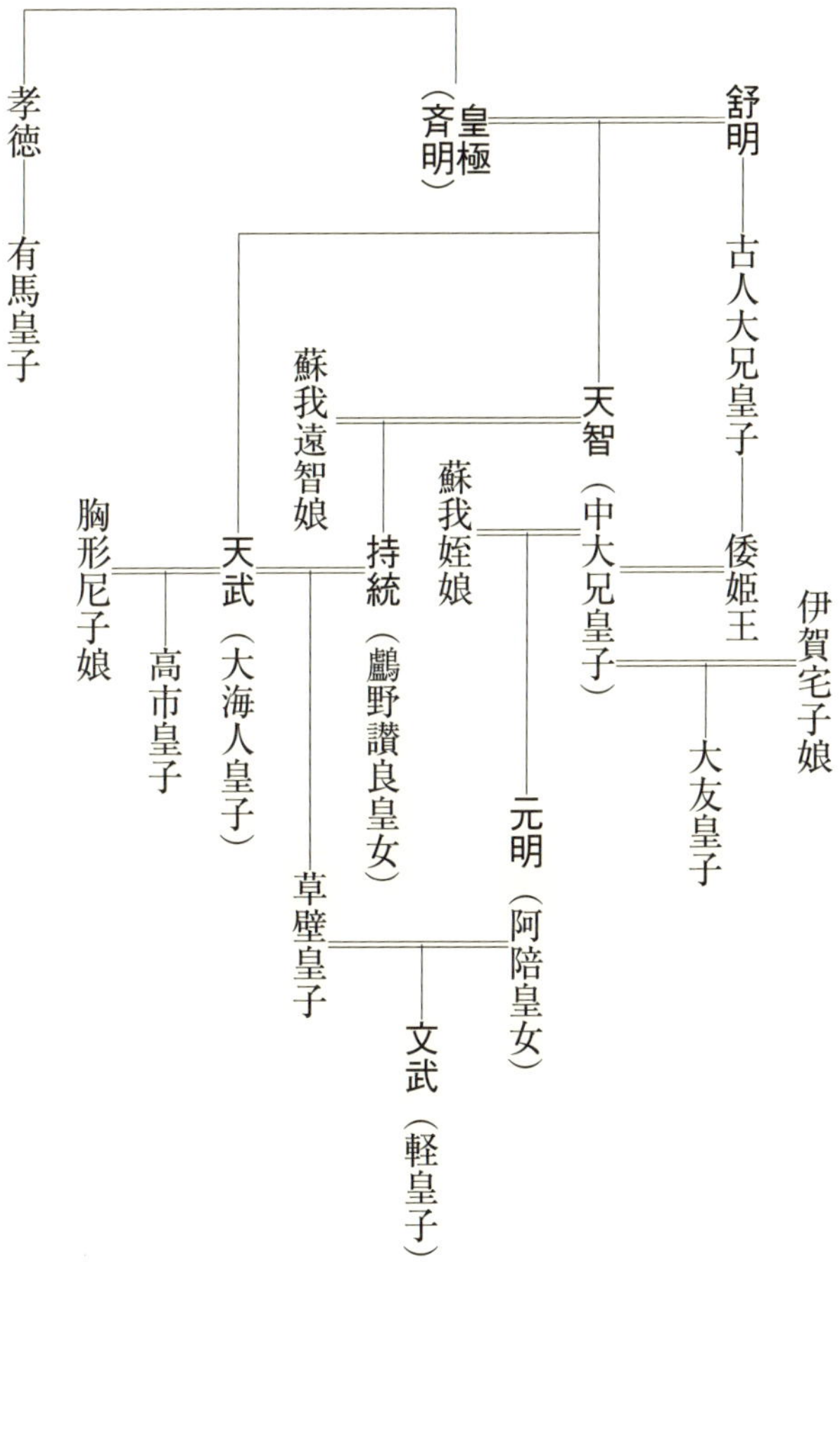

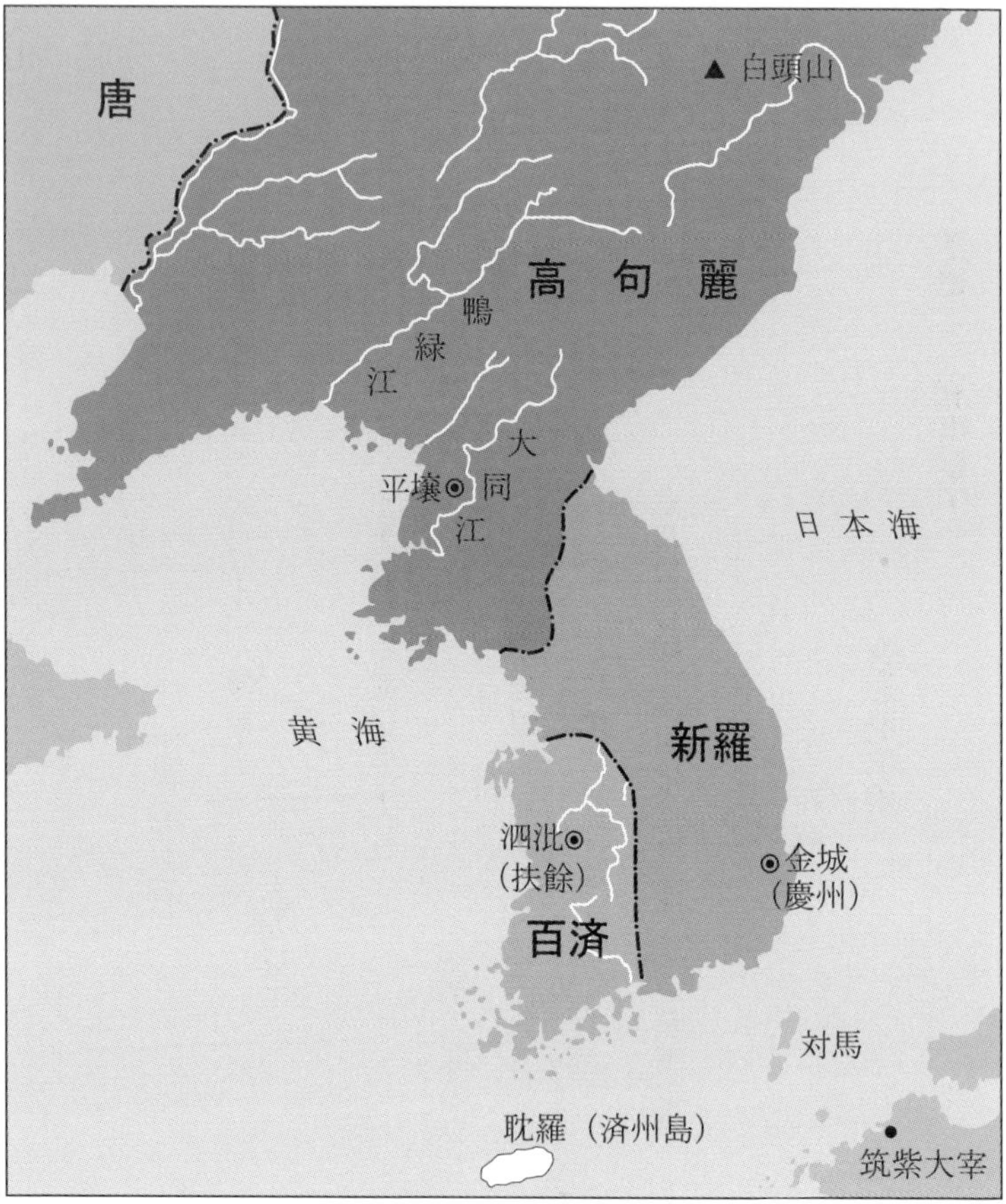

七世紀半ばの朝鮮半島

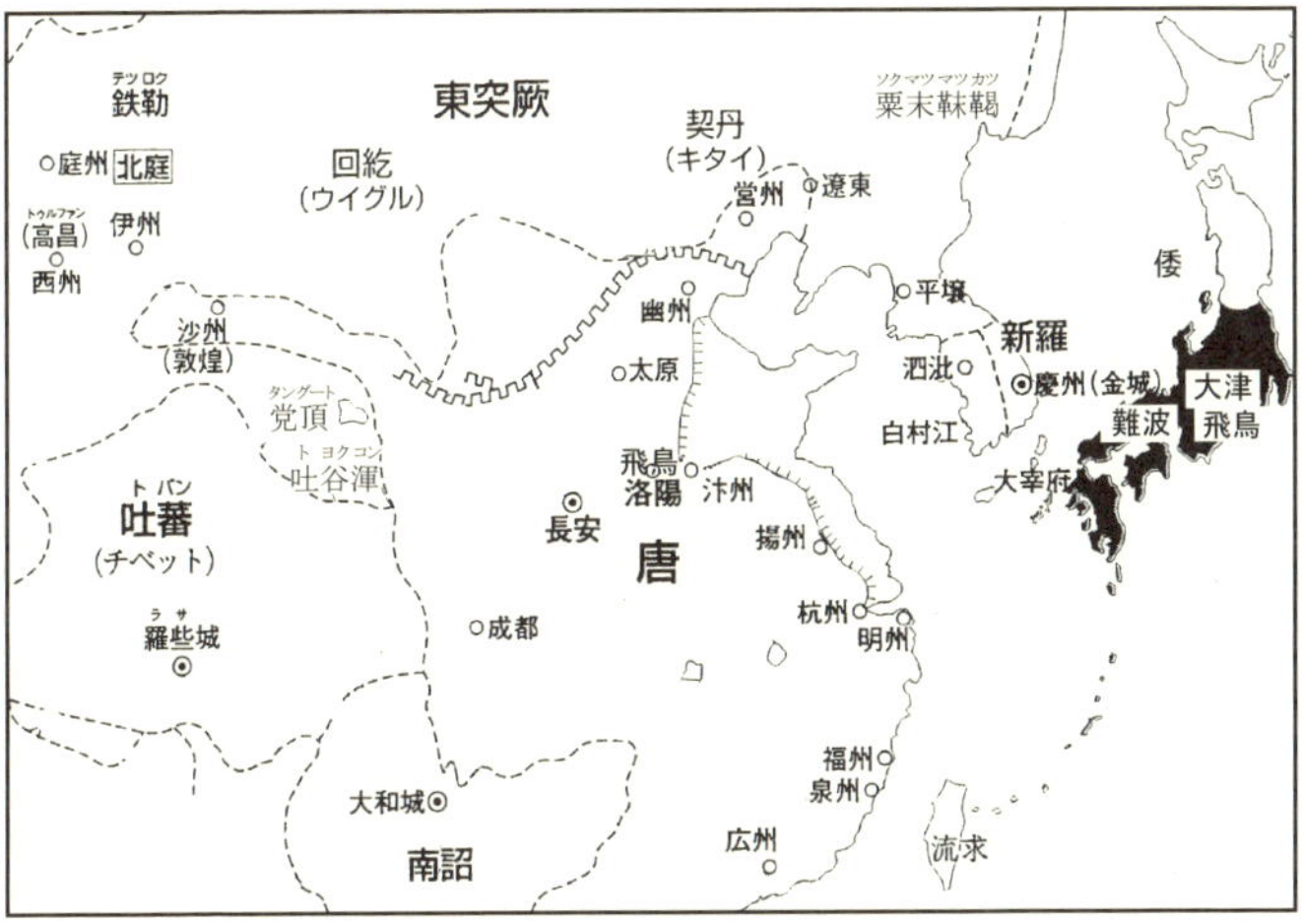

七世紀後半の東アジア

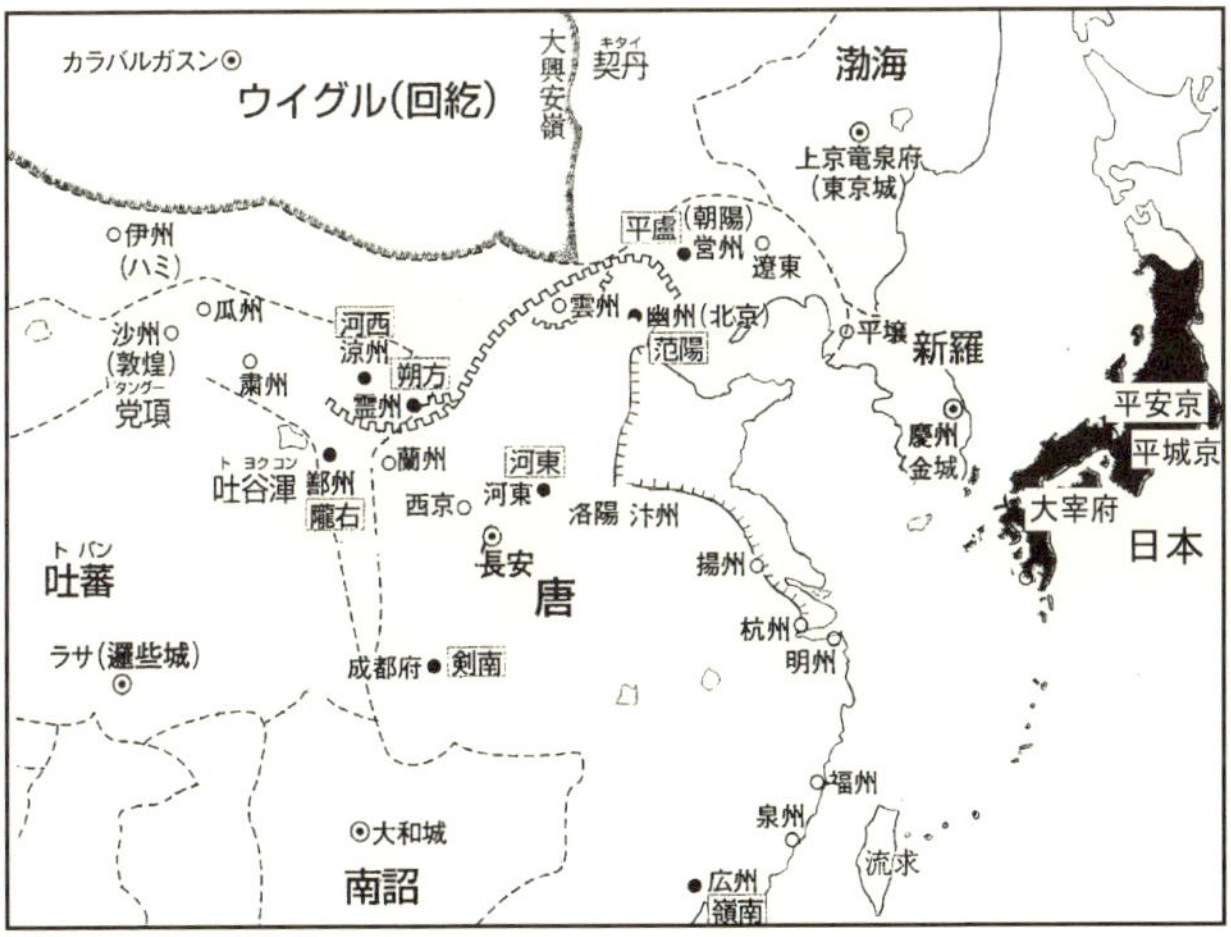

八世紀の東アジア

「七世紀東アジアの戦と日本の成立」関係年表

笹山　晴生

西暦	年号	歴代	事項
五七〇	欽明三一		高句麗の使人、越に来着。
五八六	用明元		穴穂部皇子・物部守屋ら、三輪逆を討つ。
五八七	二		蘇我馬子ら、物部守屋を滅ぼす。
五八九	崇峻二		隋、中国を統一。
五九一	四		任那復興のため将軍を任命し、軍を筑紫に進める。
五九二	五		蘇我馬子、東漢駒に命じ崇峻天皇を殺害させる。
五九八	推古六		隋文帝、高句麗遠征（水陸三〇万）。
六〇〇	八		任那復興の軍を起こす。
六〇二	一〇		来目皇子を将軍に任命。
六〇七	一五		小野妹子らを隋に遣わす。
六一二	二〇		隋煬帝、高句麗遠征を開始（水陸二〇〇万）。
六一八	二六		隋滅び、唐おこる／高句麗、対隋戦の勝利を報じ日本へ俘虜、戦利品、武器等を献上。
六二三	三一		新羅との戦いのため、将軍を任命。
六二八	三六		蘇我蝦夷、境部摩理勢を討つ。
六四二	皇極元		高句麗泉蓋蘇文、権力を掌握。
六四三	二		山背大兄王の変。
六四五	大化元		唐太宗、高句麗に進攻／中大兄皇子ら蘇我入鹿を殺害、改新政府樹立／東国国司を発遣、武器の収公を命じる／古人大兄皇子の変。
六四六	二	徳	改新の詔を発する。
六四七	三		渟足柵を造る。

六四八	四	孝	磐舟柵を造る。
六四九	五		蘇我石川麻呂の変。
六五八	斉明四		阿部比羅夫、秋田地方の蝦夷を帰服させる／有間皇子の変。
六六〇	六		唐・新羅、百済を滅ぼす／百済遺臣の救援を決定／阿部比羅夫、粛慎国を討つ。
六六一	七		救援軍、朝鮮に渡る。
六六三	天智二		白村江の戦。日本軍、唐軍に敗れる。
六六四	三		対馬・壱伎・筑紫に防人・烽を置き、筑紫に水城を築く。
六六五	四		筑紫に大野城・基肄城を築く／宇治で閲兵。
六六七	六		高安城（倭）・屋島城（讃岐）・金田城（対馬）を築く。
六六八	七		唐・新羅、高句麗を滅ぼす／近江で閲兵。各地に牧を置く。
六七一	一〇		新羅、熊津都督府を滅ぼす。
六七二	天武元		壬申の乱。大海人皇子、美濃で東国の兵を集める。大伴吹負ら倭に挙兵、近江朝廷滅ぶ。
六七六	五		唐、安東都護府を遼東に移す／京・畿内の人別の武器を検閲。
六七九	八		二年後の検閲を予告、王臣らに武器・馬を備えさせる。
六八四	一三		文武官人に武器の使用と乗馬への習熟とを命じる（「凡そ政の要は軍事なり」）。
六八五	一四		畿外諸国に、鼓吹・弩抛の類を私家に置くことを禁じる。
六八六	朱鳥元		大津皇子の変。
六八九	持統三		期限に満ちた筑紫防人の交替を命じる／飛鳥浄御原令を頒布／戸籍の作成、平氏への武事の教習を命じる。
六九〇	四		庚寅年籍を造る。
六九三	七		陣法博士を諸国へ派遣、教習させる。
六九四	八		藤原京へ遷都。
六九八	文武二		大祚栄、震国（渤海）を建国。
七〇一	大宝元		大宝律令制定。

七〇二	二	文武	粟田真人を唐に遣わす。
七〇三	三		有勲位者を軍団に勤務させ、選叙に預らせる。
七〇四	慶雲元		諸国の平氏を団別に一〇番とし、武芸を教習させる。
七〇九	和銅二	元明	蝦夷征討の軍をおこす。
七一〇	三		平城京へ遷都。
七一六	霊亀二		軍団大少毅に郡領三等以上の親を連任することを禁じる。
七一九	養老三	元正	軍団・大少毅・兵士の数を減定。
七二〇	四		渡嶋津軽津司を靺鞨国に遣わす／隼人・蝦夷反乱。この頃東国の兵を鎮兵とし、陸奥に配する。
七二二	六		衛士・仕丁を三年一交替とする。
七二四	神亀元	聖武	陸奥の蝦夷反乱。陸奥国に多賀城を置く。
七二七	四		渤海使、出羽に来着。
七二九	天平元		長屋王の変。
七三〇	二		諸国の防人を停める。
七三一	三		畿内に惣管、山陰・山陽・南海諸道に鎮撫使を置く。
七三二	四		東海東山・山陰・西海諸道節度使を任命。
七三三	五		出羽柵を秋田に移す（秋田城）。
七三五	七		唐、新羅の大同江以南の領有を承認。
七三七	九		遣新羅使、新羅に追却される。
七三九	一一		三関・辺要を除き兵士を停止。
七四〇	一二		藤原広嗣の乱／恭仁京へ遷都。
七四五	一七		平城京へ還都。
七四六	一八		京・諸国兵士の差点を復活。
七五三	天平勝宝五		国司が兵士を雑役に駆使するのを禁じる。

七五五	七	孝謙	唐、安史の乱起こる。
七五七	天平宝字元		六衛府中の器量弁了、身才勇健の者を軍毅に擬任する／橘奈良麻呂の変。
七五八	二	淳仁	遣渤海使、安使の乱の勃発を報じる／大宰府に警備の強化を命じる。
七五九	三		新羅征討のため行軍式を造る／諸道に船を造らせる。
七六〇	四		授刀舎人・中衛舎人を大宰府に遣わし、大弐吉備真備に中国の兵法を学ばせる。
七六一	五		東海・南海・西海諸道節度使を任命。船・兵士・子弟・水手の動員を命じ、五行の陣を教習させる。
七六二	六		大宰府に命じ刀の新様により綿の襖・冑を造らせる。
七六四	八	称徳	恵美押勝を「都督四畿内・三関・近江・丹波・播磨等国兵事使」に任じる／恵美押勝の乱。
七六八	神護景雲二		陸奥国の兵士を加増し、他国の鎮兵二五〇〇人を停止。
七七四	宝亀五	光仁	陸奥の蝦夷、桃生城を犯す。
七八〇	一一		新羅、金志良の乱起こる／三関・辺要を除き兵士を減員、武芸に優れた富裕な農民を上番させる／伊治呰麻呂反乱、多賀城を奪う／沿海諸国に兵備の強化を命じる／北陸道の警固式を造る。
七八四	延暦三	桓武	長岡京へ遷都。
七八八	七		蝦夷征討のため軍粮を陸奥に運ばせる／板東諸国の兵を多賀城に集結させる。
七八九	八		征夷軍、北上川で蝦夷の軍に大敗。
七九二	一一		辺要を除き兵士を廃止し、健児を置く。
七九四	一三		平安京へ遷都／坂上田村麻呂ら、胆沢の蝦夷を征する。
七九五	一四		壱伎・対馬を除き防人を廃止。
八〇二	二一		坂上田村麻呂、胆沢城を築く。
八〇五	二四		造都・征夷の事業を停止。
八一一	弘仁二		文室綿麻呂ら、蝦夷を征する／陸奥・出羽の鎮兵・兵士を減員。

八一三	四	嵯峨	大宰管内の兵士を減員。
八一五	六		陸奥の鎮兵を廃し、兵士・健士に城柵を守衛させる。
八二六	天長三		西海道諸国の兵士を廃し、選士・統領・衛卒を置く。

講演者・執筆者紹介

笹山　晴生（ささやま　はるお）
一九三二年生まれ。東京大学名誉教授。文学博士。『日本古代衛府制度の研究』（東京大学出版会、一九八五年）『日本古代史講義』（東京大学出版会、一九七七年）

孟　彦弘（もう　げんこう）
一九六六年生まれ。中国社会科学院歴史研究所副研究員。「唐前期的兵制与辺防」（『唐研究』一、一九九五年）、「五十年来中国大陸地区唐代兵制研究概観」（『中国史学』一一、二〇〇一年）、「唐代的駅、伝送与転運」（『唐研究』一二、二〇〇六年）

李　相勳（イ　サンフン）
一九七六年生まれ。韓国慶北大学校博士課程。「羅唐戦争期唐の軍事戦略変化」（『歴史教育論集』三七、二〇〇六年）、「唐の軍事戦略を通じて見た羅唐戦争期買肖城戦闘」（『新羅文化』二九、二〇〇七年）

倉本　一宏（くらもと　かずひろ）
一九五八年生まれ。国際日本文化研究センター教授。博士（文学）。『持統女帝と皇位継承』（吉川弘文館、二〇〇九年）、『平安貴族の夢分析』（吉川弘文館、二〇〇八年）

丸山　裕美子（まるやま　ゆみこ）
一九六一年生まれ。愛知県立大学教授。博士（文学）。『日本古代の医療制度』（名著刊行会、一九九八年）、共著〈日本の歴史〉〇八『古代天皇制を考える』（講談社〈学術文庫〉、二〇〇九年）

犬飼　隆（いぬかい　たかし）
一九四八年生まれ。愛知県立大学教授。博士（言語学）。『木簡による日本語書記史』（笠間書院、二〇〇五年）、『漢字を飼い慣らす』（人文書館、二〇〇八年）

鈴木　喬（すずき　たかし）
一九八〇年生まれ。愛知県立大学博士後期過程。

方　国花（ファン　グォファ）
一九八〇年生まれ。愛知県立大学大学院博士課程。

遠山　一郎（とおやま　いちろう）
一九四六年生まれ。愛知県立大学教授。博士（文学）。『天皇神話の形成と万葉集』（塙書房、一九九八年）、『古事記成立の背景と構想』（笠間書院、二〇〇三年）

身﨑　壽（みさき　ひさし）
一九四六年生まれ。北海道大学教授。『額田王』（塙書房、一九九八年）、『人麻呂の方法』（北海道大学図書刊行会、二〇〇五年）

吉永　匡史（よしなが　まさふみ）
一九八〇年生まれ。東京大学大学院博士課程。「律令軍団制の成立と構造」（『史学雑誌』一一六—七、二〇〇七年）、「律令関制度の構造と特質」（『東方学』一一七輯、二〇〇九年）

いくさの歴史と文字文化

平成22年3月19日　初版発行

定価はカバーに表示してあります。

©編　者　遠山一郎
丸山裕美子

発行者　吉田栄治

発行所　株式会社 三弥井書店

〒108－0073東京都港区三田3－2－39
電話03－3452－8069
振替00190－8－21125

ISBN978-4-8382-3192-8 C1095　整版・印刷　富士リプロ